エモーショナルな東京五輪観戦記

奥山 篤信

東京五輪は素晴らしい成果を持って幕を閉じた。

五輪開催には賛成派と反対派が存在したが、論議の中である人文系の大学教授が、大げさに「国民の分断」をした五輪強行だと書いていたことだ。この内容を読んでみると、もともとオリンピックなど何の興味もない者が、その騒動に便乗して湧き出してきたかのような、このミーハーのようなその主張の軽薄さには驚いた。

「国民の分断」をするからには、まさに哲学的に大きな、ある意味では思想の分断化と思いきや、なんと、「五輪に反対した奴は競技を見るな」と「五輪に賛成した奴は（コロナに）感染しても入院するな」の激しい非難の応酬が国民の分断を招くと言うのだ。

そしてこの分断は五輪後の日本の社会に、感染拡大や巨額の負債のような「目に見える被害」とは違う、「目に見えない傷」を残すことになると付け加える。そして安倍前総理が『月刊HANADA』にて「歴史認識などで一部から反日的でないかと批判されている人たちが、今回の開催に強く反対している」と述べ、東京五輪の賛否を基準に国民を反日とそれ以外に分断したとも述べている。

人文系の大教授が、五輪開催賛成・反対を、国民の＜分断＞を呼ぶなどと捉える思考回路に対して驚いたのは僕だけではないだろう。このような論者達による非難合戦は、日本の程度の低いテレビなどのマスコミの影響を受けただけで、何の思考も洞察もないようなものばかりである。単なるその場限りの思いつきで賛成・反対を表明しているにすぎず、浅はかで無責任でかつ、その思考の幼稚性も露呈させている。

それがさらに飛躍して＜ノモンハン事件＞の反省か
ら、いかに国民を再統合するかまで誇大妄想の議論を続
けるから呆れ返ってしまう。元々五輪開催賛成も反対も、
自分の限られた思い込みで決めているに過ぎないもの
を、これほど分断とまで＜持ち上げる＞この先生の説の
大袈裟なこと。

　また別の論者は、言葉狩とも言える、冗談じみた五輪
首脳の元首相の言葉尻に青筋を立てて、男女平等なる価
値観が、＜戦後まだ日本に根付いていないこと＞などと、
これもまた大袈裟に、アメリカへの劣等感むきだしの卑
屈な自虐ばかりを語っている。欧米は進んだ民主主義国
で、それに対して日本は遅れている、とする左翼・リベ
ラル論者が陥りがちな誤りの典型例である。

　さらに滑稽なのは、この論者は例の天皇陛下が開会宣
言を記念するといったのを称賛しつつ、菅総理が小池都
知事とともに起立しなかったことを最大のモラル欠如だ
と述べたことだ。実は 1964 年の東京五輪にて昭和天皇
が宣言される時、皆さん着席しているのだ。そんな事実
まで調べずに、鬼の首を取ったように述べている姿には
驚いた。

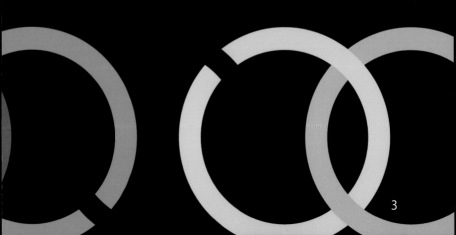

さてそんな議論の中で、東京五輪・パラリンピックを
コロナ禍において中止せずに強行した菅総理の勇気ある
見識と決断・実行力を高く評価している。おかげで世界
にウイルスと闘う日本の断固たる決断を世界に知らし
め、結果的にはいかなる危機的事態も関係者一丸の努力
と知恵で押さえ込み五輪・パラリンピックは大成功のう
ちに終わったのだ。

　それが悔しい左翼・リベラル論者達に僕は言いたい、
＜御愁傷様です＞＜五輪をお楽しみになりましたでしょ
うか？＞と。反対のための反対、足を引っ張り、自らの
国家日本を貶めようとする反日の群である日本人、なん
とでも言い給え。未だに自虐史観が払拭できない日本人
をつくづく感じた五輪であった。

　僕にとって五輪は 1964 年の東京大会以来だ。僕が関
西にいて、ちょうど高校一年の頃だっただろうか、カラー
テレビが普及しだした頃だっただろうか。確か 3C 時代、
クーラーの C、自家用車の C、カラーテレビの C の 3C
の時代、日本がまさに高度成長の時代だった。

　本書ではあの時代の意義については敢えて触れなかっ
た。記録を調べると、東京大会はアジアで初めて開催さ
れたオリンピックであり、開催国の日本からは 355 人の
選手が参加し、29 個のメダルを獲得した。

　あの三宅宏実の父親の三宅義信がウエイト・リフティ
ング・フェザー級で金メダルを獲得したほか、「東洋の
魔女」と呼ばれた女子バレーボールも金メダルを獲得。
マラソンでは円谷幸吉が陸上競技唯一となる銅メダルを
獲得した。

日本のメダル数金 16 銀 5 銅 8 だった。

　あの頃、高校での体育の先生が五輪について語り、僕も国際的という五輪の国際性に、心が浮かれて、大学受験勉強に力が入り、夢を膨らませた思い出がある。だからこそ、あの青年らしい夢を今の世代が抱く機会があるとしたら、その一つは五輪だと思うのだ。その五輪を絶対にと、やり遂げた菅首相の決断力は、公平かつ率直に認めなければなるまい。この決断は五輪史上、必ずや歴史的に評価されるだろう。人類が疫病という難関を、勇気と知恵と科学により克服して五輪・パラリンピックの開催の意義を死守したことは菅総理自身の固有名詞と共に五輪関係者の偉業として、日本史かつ世界史の後世に至るまで讃えられるだろう。

　この本を書いたのは、そんな五輪にかける自分の夢を反芻したかったことが第一にある。そこで考えたのが、この本を形成する内容だ。この中で、僕なりに五輪を最高に楽しむ一つの見方を示したと自覚している。

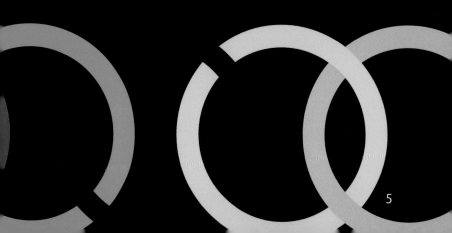

まえがき

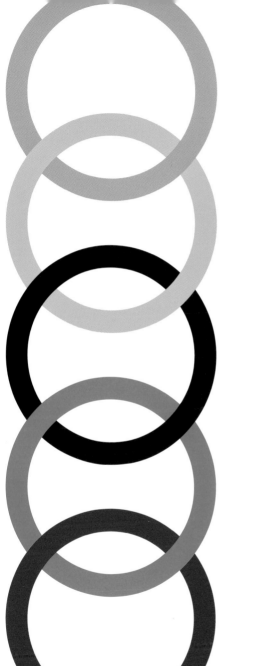

第1章

東京五輪観戦記
＝言いたい放題

7月21日（水）

開会式前に競技始まる　〜国民にサーカスを〜

その1、女子ソフトボールの日豪対決だ！

　8対1で日本勝利、おめでとう。

　まあ豪州の牛のようなでかい巨大ヒップをみて圧倒される日本のチビどもが頑張っていた。最後ツーランホームランで二点、コールドゲーム。

　しかし豪州に限らず欧米の田舎のホルシュタイン牛のような女性達には、やはり華奢な日本人は体力でなく技術で勝負するしかないね。

その2、まさに現代五輪がこれだ！　エリザ・ヘメルレ（オーストリア）体操選手。

　オーストリアの体操選手であるエリザ・ヘメルレがインスタグラムにて自室を公開したので、画像を引用する。

　Views to remember!!

　確かにすごい　全て金次第ってわけか？

　ロシアはケチるから狭い部屋とレンタルのテレビ・冷蔵庫なし！！なんか日本がおもてなしすると言っていたのに、非近代的部屋を選手に与えていると、ロシアとグルになって調べもせずに、日本人マスコミが反日で騒ぐ。いつもの手口だ！せめててめえら公平にやらんかい！

　差別でも日本政府が中世並みでもない。

　このヘメルレの部屋は僕も泊まりたいくらいだ！

　しかしこの百八十度の股開きしかも彼女審判員にジャッジさんよこの写真を思い出して採点してよとちゃっかりコメント。

PS: Dear Tokyo judges, remember this picture when you judge my splits on Sunday. They are 180 degrees.

　これこそ現代風の素晴らしい五輪村と選手の遊び心、五輪は時代

日本ｖｓオーストラリア戦 ©NHK

選手部屋の様子 https://www.instagram.com/p/CRkxqKcJdZN/?utm_source=ig_
embed&ig_rid=c2bb0766-cafd-4dad-b79e-d875eca16c52&fbclid=IwAR2ZoxHrrgD
qX9vc3BgQBtVo1Hspa9VkVMLo_QSCdEltOXZW72XZVz9dVO0

とともに変わるのだ！楽しくやる個人プレーとしてね！国家の代表
などといっているとまさにファッショの国のみ！

7 月 **22** 日 （木）

その１、メキシコ vs 日本。
　神風が吹いた勝利だった。上野も頑張ったが勝利の貢献者はピン
チに２イニングを救った20歳の後藤だ。恐れを知らない日本の将
来の若者、あがることがない冷静さと度胸のある投球、これこそが
最悪の敗戦の絶体絶命のピンチを免れた原因だ。
　39歳の上野の誕生日のバースデープレゼントは、この後輩である
後藤の素晴らしさだった。日本はいい調子だ。これで金メダルの望
みをつないだ。
　ところで女性美学の権威の僕がかたるメキシコ、素晴らしいグリ
ーンのユニフォーム、つまりズボンの美しさが引き立てたのは選手た
ちのヒップの美しさ。
　昨日のカナダの投手ホルシュタインとは異なり、どれもこれもま
さにパリのクレージーホースのショウのごとく（たとえば世界のヒッ
プ美女を集める同ナイトクラブの企画なども現地でみたこだわりの
僕の美学だが）世界一の投手で表彰されたことのあるオートウール
のヒップのラインの美しいことと言ったらなかった。
　ちなみに僕はエロティシズム賛歌ではなく美学で議論している。
誤解してもらったら困る。
　ユニフォームもこれほどヒップ美女軍団を際立たせるグリーンを
ベースの配色あっぱれだ！

その２、男子サッカー、日本 vs 南アフリカ。
　日本は、よくまあ頑張った。日本のゴール・キーパー素晴らしい。

日本ｖｓメキシコ ©朝日新聞社、長島一浩撮影

それにしてもレフェリーの日本嫌いは、ひどいものだ。反則でもないものが次から次と反則となっているように見える。反則は南アフリカなのに日本の反対ジャッジ、許さんぞ！こいつら！

　それにしても、そうであるにもかかわらず冷静な大人の日本。天はご覧になっている。１：０で見事な勝利だった。

７月23日（金）

　思いの外に素晴らしい開会式だった！　何のこだわりもなく褒め称え絶賛する僕だ！

　とにかく近代センス抜群だ。頭の古い連中が、まるで国柄のない開会式だと非難するが、君ら古いんだよと一蹴したい。つまらない和太鼓やら踊りや神輿の数々、僕は子供の時からこんなものを伝統と言っている日本の美意識の辺境性に全く同意しなかった。現代もさらに違和感を感じる。そんなものは、日本の小学校やら文化祭でやればいい問題だ！

あのねえこんなもん、外国人が見ても聞いてもまったく感動はしないことは、保証するわ。一部日本の伝統の真似事場面は天皇陛下の宣言の後、だらだらあったが、まあそれくらいならと我慢できた。

　素晴らしいIT技術駆使！ドローンの有効活用の現代美の素晴らしさ。花火も素晴らしい。日本人として誇るべき現代芸術だ！最高の企画だ！誰にも負けない。おめでとう！またドローンはチャイナ製だとかケチをつける頭が化石の評論家よ！もうこいつら、徳島の阿波踊りが日本の文化だと思ってるのか？やってられないぜ！

　さらに、五輪夏冬の選手だったが、ことさら目立たないので今まで評価しなかったが、橋本聖子の堂々としたスピーチ。アスリートだからこそいえる言葉の数々。申し訳ない、僕はあなたのことを誤解していた。今日のスピーチで高く評価する。政府の一員として、この数ヶ月の五輪をやるやらないのジレンマで苦しんだであろう、その苦労が、あなたの顔をさらに磨き上げ、素晴らしい憂いの顔を作り上げたのだった。

　すべてがクリアーになった。

　バッハ会長も、この大会にかけた彼の野望と個人的野心からか、喋りすぎだが、今回は日本人とチャイニーズを間違えなくて良かった！ノーベル平和賞狙いで、それなりに可能性ありと見るが、北京冬季五輪がネックになるな！

　さらに世の評論家は、けちょんけちょんに、聖火台が同じ場所にないこのアイデアってなんだとクソミソに言う。絶えず斬新に考えてこそ、いいアイデアが出てくるのだ！君ら反対のための反対。まさにおバカの評論家のやることは野党と同じこと、恥を知れ！

　大坂なおみは、なるほど最後の聖火のつけ役だったのだのか？それにしても後日、あっけなく負けたが、やはり考え方がずれているのだろうか？

　惜しかったのはNBCの責任なのか日本のテレビ局なのかわからないが、何故アメリカ大統領夫人ジルさんとかマクロン大統領をもっと凝視しなかったのか？

今上天皇による開会宣言 ©NHK

昭和天皇による開会宣言 © 京都新聞社

　ついでに、天皇陛下の開会の辞について同時に直立不動しなかったことを、よくまあここまで叩く保守派の連中、あのねえ 1964 年東京五輪の写真とここに二つ並べましょう！大体、慌てふためいて急遽起立したお二人つまり首相と都知事の動作の方が目立ってみっともなかったね！

追加：秀逸の橋本聖子さんの開会式での言葉だ。

　押し付けがましい前会長でなくてアスリートの橋本さんだからこその内容で、話し方といい痺れた。よかったね。以下は、橋本聖子組織委員長の挨拶。

「天皇陛下のご臨席を仰ぎ、ここに、東京 2020 オリンピック競技大会の開会を迎えるにあたり、ご挨拶を申し上げます。IOC バッハ会

長はじめ、委員の皆さま、各国からご列席賜りましたご来賓の皆さま、この開会式をご覧になっている世界の皆さま、日本へようこそ、ようこそ東京へ。心から歓迎申し上げます。

東京大会は、オリンピック史上初の延期という大きなチャレンジの中で、本日、開幕します。多くの方々の手によって、一つ一つ、希望が繋がれ、今日この日を迎えました。

世界中がコロナ禍の厳しい状況にある中、医療従事者の皆さまをはじめ、この困難を乗り越えようと日々尽力されている全ての方々へ、敬意と感謝を申し上げます。

そして、この大会の開催を受け入れていただいた日本の皆さま、開催実現のために、ともにご尽力をいただいたIOC、日本国政府、東京都、関係者の皆さま、ありがとうございます。

振り返れば、東京にオリンピックを迎えようとしていた10年前、東日本大震災によって、私たち日本人は大きな困難と、深い苦しみの中にありました。

立ち上がり、前に進む力も失いかけていました。その時、世界中の方々が手を差し伸べてくださいました。「さあ、共に前に進もう」と。

今、あれから10年が経ち、私たちは、復興しつつある日本の姿を、ここにお見せすることができます。改めて、全ての方々に感謝申し上げます。

あの時、社会においてスポーツとアスリートがいかに役割を果たすことができるかが問われました。そして、こんにち、世界中が困難に直面する中、再びスポーツの力、オリンピックの持つ意義が問われています。

世界の皆さん、日本の皆さん、世界中からアスリートが、五輪の旗の元に、オリンピックスタジアムに集いました。互いを認め、尊重し合い、ひとつになったこの景色は、多様性と調和が実現した未来の姿そのものです。

これこそが、スポーツが果たす力であり、オリンピックの持つ価値と本質であります。そしてこの景色は、平和を希求する私たちの

理想の姿でもあります。

　オリンピックとともに、休戦決議期間が始まりました。平和という理想に、まだ遠い現実に生きている人々にとって、わずかでも、平穏を求める救いとなるのではないでしょうか。これもまた、オリンピックだけが持つ、重要な価値であります。今この瞬間も戦火に苦しみ、紛争に翻弄されている人々に対して、平和の祈りを捧げます。

　アスリートの皆さん。この舞台に集まっていただき、ありがとうございます。

　困難な中でも決して立ち止まることなく、前を向いて、努力を続ける姿に、私たちは励まされて今があります。

　同じアスリートして私は、世界の全てのアスリートを誇りに思います。そして讃えたいと思います。自らを信じて、一心に進んできた、これまで皆さんが描いてきた軌跡は、自分自身の未来に、大きな、そしてかけがえのない宝物になります。

　自信を持って舞台に上がってください。今こそ、アスリートとスポーツの力をお見せするときです。その力こそが、人々に再び希望を取り戻し、世界を一つにすることができると信じています。世界は皆さんを待っています。

　私たち組織委員会は、半世紀ぶりとなるこの東京大会が、後世に誇れる大会となるよう、最後までこの舞台を全力で支えてまいります。ありがとうございました。」

7月24日（土）

〜今日から本格的に各種競技が始まる〜

その1　柔道に感動したあのロンドン五輪の野獣といわれた松本薫。

　まさに柔道界の女野獣である。ロンドン

© 『週刊 TAMA』

で金、リオで銅を獲得し、惜しまれながら引退し家庭の普通の主婦。今回 NHK の解説で、五輪期間中でてくるようだが、見違えるようなエキゾチックな美人になったものだ。さらに頭が良いのか話が上手いし、模型を使って組手やら技を教えてくれるので、画期的な解説が楽しめそうだ。

　本日は柔道、軽量級から女子は 48 キロ級、男子は 60 キロ級だ。

　まず女子の決勝で、渡名喜選手はコソボのクラスニキに敗退、銀メダルとはいえ悔しさに泣く！勝負師である、勝つか負けるかのアスリートの世界の、苦渋に満ちた瞬間だ！勝気な彼女がこの敗北を認めること自体、それだけで込み上げてくるものがあるだろう！準決勝の優勝候補のウクライナ選手との死闘には勝っただけに……無念の心うち。

　しかし彼女の心はパリ決戦に向かった。この潔さに僕は感動した。男子 60 キロ級の高藤選手は堂々と勝ちきって金メダルまさに意志の力でここまで来た、良かったね。

7 月 25 日 (日)

その1　今日から僕のハマっている女子バレー・ボール予選が開始となる。ケニヤ戦に絶対に勝たねばならない。

　バレー女子は狩野舞子のごとく、もともと１８５センチの長身美人もいるし、迫田さおりのように、アタックに邪魔になるネックレスをぶら下げて、かっこいいバックアタックも痺れたし、今回落選した長岡望悠みたいな大きな唇に特色のある個性派もいる。

　だが現役時代なんというニキビヅラで田舎臭いと思われていた木村沙織、栗原恵、大山加奈など、いまや解説やゲストなどでテレビ出演しているが、昔の垢抜けしない風貌が全くない洗練さだ。今朝テレビで木村を見たが抜けるような白肌で、感じのいい話ぶり、チャーミ

波名喜選手　©　産経新聞社、永松渉平撮影

解説する迫田さおり元選手　©NHK

石川真佑選手　©NHK

ングな表情を見てこれがあの当時の猛者女かと思うほど……。

　選ばれたプレーヤーである籾井あきのようなハーフも美人で攻撃的だし、古賀紗理奈なども将来楽しみだが、やっぱりここは田舎臭い石川真佑が期待の星だ。わずか１７３センチの小粒で、兄と兄妹五輪だ。

　結局、日本がケニヤを圧倒してストレート２：０の勝利だった。石川の評価が高い！僕が早くから目をつけていた石川の活躍は目をみはる。なんだかこの女性ってオーラと愛される素質があるんだなあ、人徳であるな。

その2、快進撃日本　スケートボード（ストリート）。

　このスポーツを大道芸人と言ったら古いと思われますぞ。まさに練習と美学と熟練度、不良少年かと思ったら怒られますぞ。今回金メダルの堀米君。モテモテの可愛い顔。何がなんでも世界一の金メダルなんてそこらの覚悟で取れるものではない。価値の多様化などとキザな言い方などしたくない、そういうことをいう奴に限って僕より頭が古く固いのだ！

　いいじゃないか街にこんな公園を作って子供達に遊ばせる、二位のブラジル人など心の優しい青年で貧困の子供たちに公園を作って教えているらしい。サッカーだってそんな貧困の人々に夢を与えたのだ！僕はこんなスポーツって、怪我が心配で子供の頃に頭でも打撲して生涯後悔する安全策も講じないとまずいだろうが……。

　この日本の青年は、アメリカに移住して自分の庭にスケポ設備を設けているとのこと。すごいね。とにかく３人出たがこの堀米ちゃんのシャツがすばらしい。僕でもぴったりのセンス良いデザインだ。

　五輪は子供達の夢になってほしい。そんな意味で手頃な値段で買えるスケボっていいじゃないか？フェンシングなど高くて買えないぜ。団体競技も素晴らしいけど、かっこよく遊んでアクロバットというのも現代風の個人主義と自由主義にぴったりだ！

　良かったね！堀米君かっこいいぜ。大谷やらと共にアメリカで最

堀米選手 ©アフロスポーツ

柔道兄妹阿部選手 ©時事通信社

　ももてるイケメンとして金髪やプラチナブロンドなんていうと差別と叱られるかもしれんが、言いたいのは国際的アバンチュールをハリウッドの女優をターゲットに、ますます金儲けも頑張って欲しい。
　テレビから撮った写真も表彰台も、かっこいい女性はメダル贈呈のパリジェンヌに違いない。かっこいいぜ。

その３、今日の最高の喜び。兄妹が柔道で金メダル

　柔道兄妹阿部選手たちそろって準決勝。いよいよ夕方から決勝戦だ！

　最初に金メダルを取った妹の詩さんの関西弁＜お兄ちゃんが今からなので、まだ気は抜けない＞が僕の心にひびく。お兄ちゃん！なんというありえない同日兄妹金メダル。最高に、同胞としての日本人として至福はこれだ最高だ。おめでとう。二人とも美人イケメンではないが、好感を持てるチャーミングな同じ顔だからやっぱり兄妹だ！

　二人とも真面目で一生懸命努力する。そして栄冠を手にしたのは、最高の理想だ。

　僕もこんな妹が欲しかった（笑）。

7月26日（月）

その１、女子柔道：57キロ級芳田司選手にものの哀れ。

　3年後のパリに賭けなさい。

　僕の知る限り芳田さんって安定したまさに強豪の女性。まさに日本人形に出てくるようなクラシックなオカッパ。本当に期待していただけに残念だったが、これも人生の宿命、真面目に一生懸命やっても運命の悪戯ってあるんだなと思う。

　でも芳田さんの偉さは、あの地獄に落ちたまさかの負け！そのすぐ後に銅メダルをかけた3位決定戦にて、あれだけ落ち込んだら次は自暴自棄の捨てる気持ちだろうが、冷静に立ち戻ったところだ。

　しかし彼女の無念はそうはいってもリカバーには時間を要する。

芳田選手　©Getty Images

あの野獣の松本薫が涙ぐんで慰めようと一生懸命語りかける姿それも僕の涙を誘ったが、アスリートっていつも負けるという恥辱の可能性を背負っている。そんな一か八かの世界に真面目に練習を積み重ねている。

　きっと松本薫の心温まる慰めの言葉が芳田も心に響いているだろうが、彼女のショックはそれほど簡単に癒されない。でも芳田さんあなたのクラシックな顔と髪型、どしっとした安定した体躯、まさに幼女の時から柔道をやりたいとの気持ちがあるなら、僕は絶対にパリに選考されると信じている。

　＜柔道があるなら何も要らない＞と日頃話す芳田選手、放り出すのは簡単だが、でも芳田さんはやれるぞ。絶対に次はパリで金をとれるぞ。こんな真面目なアスリートを僕はこよなく愛するのだ！

その２、男子柔道：73キロ級の大野将平という圧倒的に強い、安定した柔道。

　この男に＜人相が悪いぞ！どこの組のお方？＞といえば＜わしの生まれた顔はわしの責任でなく両親だろうが＞と答えるだろうが、

大野選手　©朝日新聞社、加藤諒撮影

それにしても勝負をやっている時の大野の顔は悪すぎる。だが大野ほど危なげのない柔道を僕は絶対的な信頼をしていた。

　しかし今日のグルジアのラシャ・シャフダトゥアシビリとの対戦にて、悪戦苦闘、でも勝つことを信じて見続けた。大野将平とは応援するものに絶対次の手で逆転すると思わせるほど信頼があるのだ！

この男は期待を裏切らない。死闘の末の素晴らしいゲーム。そして最後のインタビューで喋るこの男のアスリート哲学だ。そんな時に人相が良くなる自然体の顔、ホッとして、この男は信頼できる男だと思う瞬間だ！リオ五輪に続き二連覇おめでとう。

その3、卓球混合ダブルスの決勝で、日本の水谷隼、伊藤美誠ペアが支那の許昕、劉詩ペアを下し、日本卓球史上初となる金メダルを獲得した。

　勝利の瞬間、水谷と伊藤は抱き合って喜びを！当然だろう、その感激！

　なんという快挙か！チャイナに勝利！それも2セット取られた後の逆転劇だ！！あの優しいお兄ちゃん風の水谷は、実際には、子供の頃から、気性の激しい伊藤に卓球を教えた間柄、家族ぐるみの卓球付き合い！

　この伊藤は今回の東京五輪を代表する個性あふれる、振幅激しい中に可愛げの混ざり合ったおもろい女性だ！正反対の性格の男女、この素晴らしいコンビが番狂わせ、失礼、この快挙を演出したのだ。

　僕は最初から最後まで見ていたが、最初2セットとられてそこからの素晴らしい逆転ゲーム！そのドラマティックさ！日本人として最高に嬉しい二人の敢闘ぶりだった。火の玉小僧のような勝ち気で

水谷隼、伊藤美誠ペア　© 中日新聞社、内山田正夫撮影

ガンガン伊藤も「すんごく、楽しかったです！」ほんま日本の女性もこれでないといけない！すばらしいアスリートだ

　ところで、この試合で負けたチャイナのメディアの論調は、自国の2人の健闘を称えるものは少なく、厳しい内容だった。
「爆冷！卓球ペア、金を失う」
「恥の一戦だった。極めて遺憾だ」
「中国が日本に抵抗できず、金メダルを失った」
だから、五輪を国威の発揚などと考えている国は、救いようがないのだ！（この議論は＜第4章　五輪の意義の変遷＞の章にて議論するが……。

7月27日（火）

西矢選手　©ロイター

その1　『恐るべき子供たち』（Les Enfants Terribles）は、フランスの詩人ジャン・コクトーが書いた中編小説で、コクトーの代表作の一つ。

　1950年にフランスの名匠ジャン＝ピエール・メルヴィルによって映画化された。意味は成熟した悪魔的子供達の意味で使われているが、敢えて僕は五輪の天才的曲芸師とも言える、この女子競技の大活躍にこの言葉を使わせてもらう。

　スケート・ボードの世界で決勝に残った、なんと西矢椛（13）が、この種目で最初の金メダルを獲得した。中山楓奈（16）も銅メダル。恐れを知らない若さ、丁度僕の孫の世代、チャレンジ・チャレンジの凄みと勇気！そんな無謀さも平気でできる年齢だから日々の特訓により、この快挙があったのだ。

　顔を見たらまだ幼い童顔の面影の金メダリストである。銅メダリストは富山から週末東京で練習する生活らしい。

もちろん貧困者にはできない。昨日のアメリカに渡米して本物を学んだ堀米雄斗も凄かった。やっぱり、金がかかるのかなあ？このスポーツ、パイオニアだからだろう、それに金があってもできないやつが殆どなのだから、みなさんはやっぱり立派なのだ！そこを間違えてはならないのだ。

その２、女子バレーボール。セルビアに全く歯が立たないストレート負け！

とにかく長身揃い、ベテラン揃い。なんとかビッチのビッチ（bitch＝売女）ではないビッチ（vich）である。憎たらしいほどの凄みとスピード！三立てを食らった！でも敗因はやはり古賀の怪我の欠場（捻挫）と、やはり身長差はどうにもならない。

まあ第一ゲームとか第三ゲームなど二十四点まで頑張ったのだ。やはり流れを掴めない日本、圧倒的セルビアの力。ボルコビッチだけで三十五点くらい決めているからねえ！あきまへん予選を通過しても金は無理、よくて銅くらいですかな？大体、予選通過できるかもわからない！

その３、柔道女子 63 キロ級の田代未来選手に本当に同情する。

谷本歩実選手という二連覇した記憶のある柔道家である、あの谷本さんとそっくりな田代選手、前回のリオ五輪に続いてメダルなし。谷本さんの惚れ惚れする強さには、僕はファンだったので勝って欲しかったが……。

三位復活もないその手前で敗退してしまった。勝負の世界って虚しい、努力したからどうのこうの報われるということもない。ヨブ記のようなところもあって、＜いったい私はなんのためにこの四年間やってきたのか？＞が一瞬に相手に付け込まれ敗退する。

実に一瞬にて水泡に帰す！この人生の虚しさ、晴らすことのできない無念さはないだろう。芳田選手は踏ん張って銅メダルまで獲得できた。でも田代選手にはそのチャンスもない！そんな真剣勝負の世

界を、普通のサラリーマンの皆さんは経験したことなどありますか？

　だから僕は田代さんの人生が悔いあるものとして生きて欲しくない、いや田代さんの努力したことは、こんな辛い試練でも、かならずお天道様が見ておられる、そう！自信をもって生きて欲しい。人生において、あなたは努力したのだから、普通の人間の100倍以上の努力を！

　それでも報われなかったと世の中を恨んではならない、むしろ自分の生きた道は堂々たるもので、一つの考えはもう一度3年後パリを目指すのも良かろう、いやもう勝負のしんどさを痛感した、この体力と忍耐力を、後輩を育てるとか、他に生かそうとしてもオーケーである。

　あなたは五輪という最高の世界の祭りに参加できたこと、誰もができないことが2回できたその幸せに、考えをスイッチしてほしい！

　勝って欲しかったが、負けても、努力したものは、それが肥やしになり、自分の人生は素晴らしいと思えるだろう！誰もができないことをあなたは実現したのだ！

その4、柔道男子81キロ級の永瀬貴規選手五輪リオで銅に続いて金メダル！（見かけ）冴えない男が本物の男の証を示した快挙。

　正直言って本日この永瀬さんを見た時、何か今までの3回の男と比べ、軽いなあ、などと失礼な印象を持ったわけであった。

　しかしずっと試合を見るにつれて、この男のなかなかの粘り強さ

永瀬貴規選手　© 東京新聞

とじっと好機を待つ忍耐力は只者ではない！おぬしやるなと、思うようになる。

　永瀬さんのじっとチャンスを待つこの日本人らしい粘りと忍耐の素晴らしさ！

　勝負は予想通り、チャンスを捕まえたこの技は見事だった。結局は人を、とても感動させたこの男の燻し銀のような格好良さだった！

　いまもテレビで野獣の松本薫さんと吉田秀彦さんが絶賛しているが、すばらしい柔道家である。相手のモンゴルのサレイド・モレイ選手が、敗者として勝者永瀬を祝福するという、最後の態度も素晴らしい。これこそ柔道だ！

その5、サーフィン男女メダル獲得。

　東京五輪で新競技に採用されたサーフィンは２７日、男子決勝に進出した五十嵐カノアが銀メダルを獲得した。初代の金メダリストには世界ランク２位のイタロ・フェヘイラ（ブラジル）が輝いた。

　女子は都筑有夢路（つづき・あむろ）が銅を取った。こう言うスポーツにも日本人は積極的にチャレンジして世界レヴェルに達していると言うのも、日本人のあくなき好奇心の賜物だ。

　その他スケート・ボードや Cycling BMX などなど。昔は＜新奇の気性＞というのが褒め言葉で、僕などそう呼ばれたが、今は新奇性

五十嵐カノア選手　©朝日新聞社
都築有夢辞選手　©日刊スポーツ

追求の強い人には衝動的、怒りっぽい、見栄っ張り、浮気性、飽きっぽいなど悪い意味だから、下手に言葉は使えない。

その６、重量挙げ女子５９キロ級に安藤美希子選手が銅メダル。

　２２年前、仕事中に倒れた父、美生よしおさん（６５）は、右半身が麻痺し、言語機能の大半を失った。小学生だった娘は介助を手伝い、作文に「理学療法士になりたい」と綴った。その娘の父が昨年末、新型コロナに感染した。

「お父さんの生きがい」について「『娘の五輪を応援するでしょう』と呼びかけてください」

　その安藤の最後の銅メダルのかかったリフティング、父を思い最後の踏ん張りは見事な安定感、テレビを見てこれはいけると誰もが期待し、そして成功した。無観客のため観戦はかなわなかったが、父がうれし泣きする姿は、はっきり目に浮かぶ。「メダルだよ」。

　リオ五輪では５位、二度目の五輪で日本女子で三宅宏実選手に続くメダル獲得だ！

　それも五輪の１カ月前に右足に重傷を負い、出場も危ぶまれた東京五輪だが、親孝行が出来て本当に良かったねと見ている方も涙が出た。彼女の顔は子供の時からの親への愛情そして汗と努力の決勝、それが彼女の立派な表情に表れる。

その７、13 年ぶりの東京での快挙。ソフトボールでアメリカを破り、

金メダル。

　素晴らしい感動だ！団体競技の素晴らしさはここにあり！

　昨日は予選でアメリカに負けた。どうせ翌日は決勝で再度アメリカと決勝だから、手の内を見せたら損だと、切り札の選手は隠していた。姑息さもあるが、それは仕方ないな！その機会に出番がない選手も一斉に払い出しする、監督の優しさもある。

　さて決勝戦での上野の素晴らしさを祝福したい。6回の危機に一旦引き上げた上野を再度登板どうして？だって後藤が見事に抑えて、その勢いで投げさせればいいじゃないか？と摩訶不思議な7回の再登板に、僕は嫌な予感がしたが……。

　結果はオーケーで良いようなものだが　あまりにも日本的な起用だが、勝負の世界の非情さは、こういう時に裏目にでるのが常だ！なんか義理人情の日本人が、ポカをする、こういう人情、僕は失敗の嫌な予感のみ。結果はオーライで、上野をたてる日本人らしい美談と快挙で良かったが……。

　アメリカの選手、日本のプレイに経験ある、堂々としたアボットのあの長身と＜背中＞、実はその＜背中＞を見ながら後藤は憧れた。そして後藤を育てたのは、同じトヨタ実業団にいたアボットなのだ！

© 読売新聞社、冨田大介撮影

後藤希友選手
© 朝日新聞社、細川卓撮影

モニカ・アボット選手
© 朝日新聞社、細川卓撮影

すばらしい闘志を讃えたい。まさに日米関係がここにある。最高だ。お互いの尊敬と信頼があってこそ、友好国だ！日米親善の素晴らしい野球の場面！これこそ最高だ。

向翔一郎選手 ©中日新聞社

7月28日水曜日

その1、柔道男子90キロ級の向翔一郎のまさかの3回戦敗退。

　向翔一郎が金メダルを取れば柔道男子は24日以来5連続金メダル。僕たち日本人の心は向に乗り移った。新井千鶴がすでに女子で夕方準決勝戦へと決まっている。

　その中で向の敗戦の弁は男らしくて、言い訳を絶対したくない日本人の武士道精神に基づいていた。巴投げを仕掛けるためだったが、微妙に尻餅をついてしまった、そして審判はこれを一本だと判断したのだ。向の弁は素晴らしい。抗議一つしない日本チーム、これについては別章で書くので参考にしてほしいが……向選手は述べる。「自分がたとえ引き込もうとしても勝負の判定をするのは審判です。仕方ないですよ！それに五輪だし」

　みっともない姿を見せたくない彼の美学だろう。悔しさが見えなかったといえば、そうではないが抑制の効いた態度は男らしく立派だった。まさに、日本人の、日本人らしいアスリートの態度だった。

その2、新井千鶴に最高の賛辞を与えたい。

　一年ずつ積み上げてきた練習の成果。だからあのロシア絆創膏怪物に勝利できたのだろう。快挙だ。喩えは悪いが、映画の悪役でいくら殺そうとしても殺せない不死身

新井選手（左）とタイマゾワ選手（右）
©Getty Imaes

の悪役がでてくることがあるが、そんな、これでもか , これでもかと、また這い上がってくるホラーの段階まで迫ってきたあのロシアのタイマゾワ選手。歴史に残る死闘だった。

　今まで素晴らしい日本勢の金メダルその他はあったが、本日の新井さんの準決勝のあの死闘は目を見張る。ロシア選手の＜目に絆創膏を貼りまくった＞選手の執念には驚くばかり。お互いの負けじ魂それは素晴らしいネバー・ギブ・アップ（Never give up）不屈の精神だ！ついにやっと 16 分 41 秒の後に新井選手の送襟絞（おくりえりじめ）の勝利だった。でもこれだけ体力を消耗し決勝に勝てるのかとの心配が……。

　決勝戦はオーストリアのポルレス選手を開始 1 分 8 秒で小外刈で技ありを奪って優勢勝ち、五輪初出場で金メダルを獲得した。

　しかし新井は全く疲れを見せない不死身の戦いであり、最後まで卑怯な手を使わない素晴らしい柔道そのものを具現した。五輪柔道の五日目だがなんといってもこの新井の負けじ魂、しつこさ、こだわり、絶賛に値する。

　人間の最高の美しさとは、絶対に負けないぞ！絶対に勝つ！絶対に捨てない！そして絶対にファンを裏切らない！負けるときは、死んでも美しく負ける！最高の防御たる攻撃をやめない！最後まで時間切れなど姑息な手段を使わない！これが新井の柔道だ！

　しかし目をパンパンに膨らませて新井と戦ったロシア人タイマゾワ選手は三位決定戦で美貌のクロアチアのマティック選手を倒した。立派な負けじ魂のタイマゾワがマティックを相手に、瀕死の戦い、ご褒美に天道様はこのロシア人に勝たせたのだった！

　その新井千鶴も引退を表明した。残念だが是非新井さんのような女性柔道家を育ててくれることが新井さんの使命だろう。お疲れ様でした。ありがとう新井さん！

「私新井千鶴は 9 月 10 日をもちまして現役を引退することをご報告します。競技人生では多くのサポートのおかげで現役を続けることができました。振り返ると苦しいこともありましたが、達成感を味

わうことができました。

　柔道を通して競技力だけでなく人間力も養うことができました。今後も当社で貴重な経験を生かし新しいことにも挑戦していきたいですし、さらに成長していけるように精進していきます。」

その３、水泳女子メドレー。大橋悠依選手の快挙。

　大橋選手が女子 400 メートル個人メドレーと女子 200 メートル個人メドレーの 2 種目で金メダルに輝いたほか、19 歳の本多灯選手が男子 200 メートルバタフライで銀メダルを獲得し、合わせて 3 つのメダルを獲得した。

　夏のオリンピックで日本の女子選手として初めて 1 つの大会で 2 つの金メダルを獲得した競泳の大橋悠依選手が会見を開き、「この 5 年間で苦しいことがたくさんあったが、すべてが生きたレースだった」と語る。

　大橋は典型的なマスク美人だ！結構海外でもその＜美貌＞が評価されている。女性にマスク美人などと言うと蹴飛ばされるからご注意を。でも疫病のおかげで口元が魅力ない女性は、ひどく得をしているね。男女絶対平等の時代だから＜口元の魅力ない男性も女性も、ひどく得をしているね＞と言い換えます。爆笑

大橋悠依選手　©産経新聞社

本多灯選手　©Getty Images

**その４、競泳男子 200 メートルバタフライの決勝で、本多灯選手が
１分 53 秒 73 でフィニッシュし、銀メダルを！**

　期待の競泳男子、瀬戸も松元も入江も…「しゃれにならぬ」競泳
男子・決勝ゼロの異常とまで叩かれた男子競泳に、まさか伏兵の本
多選手の灯が！とシャレてみせよう。

　本多選手は神奈川県出身の 19 歳、力強いキックと終盤の追い上げ
が持ち味で、去年 12 月の日本選手権で初優勝、ことし７月にはこ
の種目で自己ベストを更新するなど、着実に力をつけてきた成長株
だ。予選は８位でギリギリ通過したのだが決勝で逆転劇お見事だ！

　28 日の決勝では、序盤から積極的な泳ぎを見せてトップ争いに加
わると、最後のターンを４位で折り返し、そのまま自己ベスト更新
する会心の泳ぎで、１分 53 秒 73 をマークし、銀メダルを獲得した！
オリンピックのこの種目で日本選手がメダルを獲得するのは、2004
年のアテネ大会から５大会連続と言うことになる。

浜田尚里選手
©日本スポーツ、軸丸雅訓撮影

7月29日（木）

その１、柔道女子78キロ級濱田尚里選手の金メダル。

　浜田尚里選手は決勝まで全て寝技一本勝ち、そして決勝は昨年世界選手権で負けたフランスのマドレーヌ・マロンガ選手を、瞬殺の寝技で僅か69秒で下し、金メダルを獲得した。

　一度も相手に技を出さず、得意の寝技に持ち込むと、崩れ上四方固めで一本勝ち。「マロンガは決勝で自分を表現することもなく、何も出来ずに終わった」と悲報を本国に打った。

「最悪のシナリオだ。日本武道館の畳で、フランス人女性は素早い戦いの末、日本のショウリ・ハマダに破れた」「完璧な技でフランス人女性は捕らえられた」と伝えたのだ！！

　心豊かだからこそ、クールで無表情な自衛隊気質が彼女の魅力。ニコリともせず自己抑制の効いた、この女性の安定感は比類ない！絶対に負けないだろうという信頼感を持てる、危なげのなさ、素晴らしかった。

　寝技のみの彼女の柔道哲学は頑固なまでに徹底して頼もしい。金メダルを得てやっと嬉しそうな笑いがでた。なんか昔の歯を食いし

ウルフ・アロン選手（左）© 産経新聞社

ばって家を守る嫁（よめ）の強さ、日本文化の縁の下の力持ちを連想するのだ！この技術とスピード感で、パリも頑張って日本を沸かせてほしい！

　ほんとうにおめでとう。最高の感動をありがとう！

その２、柔道男子 100 キロ級五輪初出場ウルフ・アロンの栄冠。

　ウルフ・アロンが９分半の死闘を一本勝ちで制し、金メダル！この 100 キロ級は井上康生以来５大会ぶりだ！2018 年の世界選手権覇者でもあるチョ選手の対策は「万全にしてきていた」というだけあって、10 分近くに及ぶ激闘の末、大内刈りで一本勝ちだった。

　敗れたチョのコメントを次のように紹介している。

「今まで韓国代表として 10 年以上戦ってきたが、アロンは出会った選手の中で一番強かった。彼はたくさんの準備をしたようだった。私についても研究していたようだ」

　お互い敬意を示しあう二人の日韓柔道家後味の良い柔道家の態度だった。

その3、卓球の伊藤美誠を絶賛する。

　昔の僕の世代の日本人ってピンチに弱い、がたがた上がる、最後はびびる。そんなひ弱な戦後の日本人だった！いまやアスリートを見るとそんなビビリなど一つもない。柔道でも卓球でもなんでも。

　とりわけこの伊藤選手はすごい。今朝、女子シングルス準決勝で、チャイナの孫穎莎に 0─4 で敗れた。伊藤選手は全て勝てると自分で確信しているのだ。どんな強豪でもまさに＜確信犯＞のようにやれば勝てると思ってるようだね。

　その後、夜の部でユ・モンユ (シンガポール) を 4─1 で破り銅メダルにもかかわらず、「悔し涙です」と、準決勝の敗戦が尾を引いているのだ。今大会 2 個目のメダルを獲得するとともに、五輪の日本女子シングルスで初のメダルを獲得したというのにもかかわらずだ。

　最後の 3 位決定戦は石川を破ったシンガポール人だ。試合を見始めたのは、1 ゲームを取られた後の試合体。伊藤はニコリともしない真剣顔、勝負に賭けた勝負師の顔を……ずっと最後まで見続けた。この逆転劇の凄さ、ニコリともしない、いや、時折不気味な薄笑い

は真夜中だったらゾッとするホラー劇のような地獄かと思わせる。とにかく、でも見事に栄冠に！

　気の弱い若い男性は、誰でも結婚したら完全に主導権を取られる髪結い亭主となることを警戒するだろう。これが今まで欠けていた日本人の若い世代が開発したすばらしさなのだ。若い男性よ！でもこんな伴侶こそ次世代の子供を、自分と同じ様に再生産させ、世界一の卓球選手になるかも？怖くても我慢し甲斐あるのだわ！

その4　チャイニーズの卓球頂上金メダル争い。

　伊藤の銅メダルのあとチンとスンの女性の対決。見たこともないスピードと技術、これが世界一の卓球技術かと感心した。日本の小手先卓球はまだまだだなという感じだ。僕はボイッシュのスンを応援したが素晴らしい試合だった。まだまだ伊藤も修行が足りないなあ！と思った。

　チャイナ政府の国威掲揚の為に、徹底的にプロフェッショナルに鍛えるアスリートたち、かってのソ連や東独と同じことが、いやそれ以上の効率でアップしているのだなとと思うが、選手達もその結果によって天国か地獄かだろうから必死で鍛錬を励む姿、何か哀れを催すね。あのラリーのあの卓球のボールが鋭い弾丸のように相手を攻める。見たこともない、聞いたこともない経験だった。

伊藤美誠選手（右）©Getty Images

その１、奥原希望さん、希望は消えたのか？涙の敗退。

リオ五輪銅メダリストで世界ランキング３位の奥原希望（26＝太陽ホールディングス）が、同９位の何氷嬌（チャイナ）に 21 － 13、13 － 21、14 － 21 の逆転負けで、４強進出を逃した。五輪の難しさ。五輪の舞台にかける年数とその報われ方はメダルが取れたか取れなかったか？なんと辛いのだろう！

奥原希望選手　©読売新聞社

奥原はわずか１５６センチの身長だが彼女のフットワークのうまさでコートの広さが狭くなる。彼女は柔道家のように自分の生きる世界への畏敬の念を、コートに入る前に、丁寧なお辞儀で表現する。

しかも彼女のなんとなく女っぽい静かな色気と育ちの良さ、その上で内に秘めた闘志が滲み出ており僕が好感を持つ選手だ。

しかし本日の無念の敗退。五年間なんだったんだろうという悔しさがそのスピーチから感じる残酷さ！あのオグシオの小椋先輩が解説中に涙ぐむ。そんな五輪の勝負の儚さ、虚しさ、悲しさが感じられる。

彼女は負けを予感していたのか？今朝のコートに入る時のなにやら祈りが、特殊であったが、まるで用意したかのような理路整然とした、でも人々の心をうつ敗戦のスピーチ。奥原さんがパリまで頑張るのか否か、あの金星確実の百田選手もまさかの初戦敗退だったが、なにかバドミントン界は今回勝利の神に見放されたのか？

奥原の＜敗軍の将語らず＞の雰囲気のある敗軍の将の涙を誘うス

ピーチを紹介しよう。

　試合後に涙を流した奥原は「悔しいというよりも、悔しいんですけど。自分がこの5年間やってきたことの答え合わせが終わったなと思いました」と振り返った。

　1年延期も含めて迎えた東京五輪。「本当にいろんなことがありました。この5年間。いいこともあるし、悪いこともあって。そのたびに、本当にたくさんの人に支えられて。私は幸せだなって。やっぱりバドミントンで返したいなと思ってここまで走ってきました。結果では皆さんに報告することはできなかったですけど、でも、これが、奥原希望のプレーで、最後までくらいついたこのプレーが皆さんに届いたらうれしいなとは思います」と語った。

　周囲への感謝を口にした奥原は「どんな結果でもやるべきことをやろうと。この大会、オリンピックだなと。楽しむことが難しい舞台だが、立てたことは幸せでした」と実感を込めた。

　誰もが、メダルラッシュを期待していたバドミントン種目だったが、番狂わせの28日には男子シングルス金メダル候補の桃田が1次リーグで敗退。29日は女子ダブルスでも永原・松本組、福島・広田組が準々決勝で敗れた。

　リオ五輪シングルス8強の山口茜もV・シンドゥ・プサルラ（インド）に敗れた。日本勢のメダル獲得は混合ダブルスの渡辺勇大、東野有紗組（日本ユニシス）の銅メダルのみに終わった。

その2、柔道男子100キロ超級の原沢久喜選手3位決定戦でリネールに敗退した。

原沢久喜選手　©産経新聞社

　リオ五輪で銀メダルの原沢久喜（29）が3位決定戦で、運悪くまさかの敗戦で3位決定に回ってきたリオで決勝に負けた宿敵テディ・リネール（フ

ランス）と対戦、延長の末、指導を3回取られて反則負けで敗退した。

　原沢は初戦の3回戦で金民宗（キム・ミンジョン、韓国）に勝利。続く準々決勝ではヤキフ・ハンモ（ウクライナ）を延長戦の末、内股で一本勝ちしたが、これまた延長戦となったルカシュ・クルパレクとの準決勝は払い腰で技ありを奪われて敗戦。

　原沢久喜選手の敗戦の弁。「本当にここまでいろんな人に応援してもらって、いろんな人に背中を押してもらって、この舞台に立つことができました。その中で、結果で恩返しできなかったことがとても悔いが残ります」

その3、柔道女子78キロ超級、素根輝選手が金メダル。

　19年の世界選手権東京で優勝した素根輝（そね・あきら /21=パーク24）と12年のロンドン五輪金メダリストで世界ランキング1位のイダリス・オルティス（31=キューバ）が対戦し延長の末、素根が勝利し金メダルを獲得した。

　曽根選手は、堂々たる連続一本勝ちで決勝に進み、世界ランク1位のベテラン相手を延長8分以上接戦にて勝利した快挙。19年の世

素根輝選手　©西日本新聞社

界選手権と同じ顔合わせ。曽根が再度オルティスに勝利し金メダルを獲得した。

「とにかく先に攻め、絶対負けない気持ちで挑んだ。この大会のために練習を頑張ってきた。それがこの大会で出てよかった」と語る曽根だが、初戦の2回戦でイスラエル選手に体落としで綺麗に投げ一本勝ち。

準々決勝でも中国の選手に体落としで技ありを奪い押さえ込みで合わせ一本勝ち。準決勝では17年の世界選手権3位のイリーナ・キンゼルスカ（アゼルバイジャン）に大内狩りで技ありを奪い、抑え込んで合わせ一本勝ち。素根選手も本当に強い。まだまだパリまで行けると思う。

ちょっと情けなかったのは原沢だった。素根選手が取ってくれた金メダルは最高だ！

その4、フェンシング。エペ団体金メダル。

歴史的快挙。信じられない快挙だ。

フランスを破ったのが奇跡の勝利か？そして決勝でロシアを圧倒したすばらしい番狂わせ！というと失礼か？あの欧州の貴族スポー

© 朝日新聞社

ツに勝利したのだ！最高の夜だ！

　偶然チャンネルあわせから、この決勝を全部見れたのは僥倖だ。異文化の欧州のフェンシングを制覇した初めての金メダルは最高だ！

　日本がロシアを４５—３６で下した、日本のフェンシングが五輪で金を取るのは初めてであり、エペでは団体、個人とも初のメダルとなったもの。

　日本は宇山賢、加納虹輝、山田優、見延和靖（控え）が出場。競技した宇山、加納、山田の３人は初の五輪出場での栄冠となった。１試合目の山田が５対４でリード。その後もロシアに一度も逆転を許さなかった。宇山は５試合目に、加納は最後の９試合目にそれぞれ８ポイント奪った。

　世界ランク８位の日本は、準々決勝で五輪同種目３連覇中（エペ団体が開催されなかった２０１２年を除く）で世界ランク１位のフランスに４５—４４で競り勝ち、準決勝ではリオ大会のエペ個人金メダリストを擁する韓国を破って、初の決勝に駒を進めたのだ。

8月31日（土）

その１、柔道団体戦、日本はフランスに敗退。銀メダル。

　総合力から言えば柔道王国フランスが日本に勝るのかもしれない。リネールの恐ろしく強い。ウルフもタジタジだった。パリの地元で次のパリ五輪でリベンジできるか？日本の試練だろう。特に100キロ超級が課題だ！さてすごく楽しめた柔道シリーズも本日で終わったが、本当に素晴らしい毎日だった！高く評価する。

　さて、BBCニュースから引用：
「決勝は日本対フランス。第１試合は、女子63キロ級金メダリストのクラリス・アグベニェヌが、新井を相手に小内刈りで技あり２つを奪い、合わせて一本勝ち。続くアクセル・クレルジェも、延長戦で隅落としの一本を向から奪い、フランスが２連勝とした。

フランスの柔道団体戦の選手たち　©...

　第3試合は素根が大内刈りと横四方固めの合わせ技一本で、ロマヌ・ディコに勝利。しかし第4試合は、体格で勝るテディ・リネールが延長戦の末、ウルフを内股の技ありで下し、フランスが王手をかけた。

　第5試合の女子57キロ級は、日本は銅メダリストの芳田司を起用。フランスは銀メダリストのサラレオニー・シシケが登場し、開始55秒で内股の技ありを奪った。芳田は反撃を試みるもそのまま試合終了。フランスが4勝1敗で、この種目最初の王者となった。

　フランスが柔道新種目の最初の金メダルを獲得した。

　素根は試合後のインタビューで、「みんなで優勝を目指していたので、2位で悔しい」と話した。

　主将の大野は、「チームを優勝に導けず、責任を感じている。3年後、日本柔道チームとしてリベンジできるように精進していきたい」と述べた。

その2、アーチェリー男子。　2個の古川選手の銅メダルおめでとう。

「3年後は金」と抱負の古川選手は4回連続五輪出場し、今回個人ともに銅メダル2個を獲得した近畿大職員の古川高晴選手（36）は2012年ロンドン五輪の個人銀メダルも含め、アーチェリー日本

代表選手で過去最多のメダル3個を獲得した。3年後のパリ五輪に向けて「金メダルを目指したい」と意欲を見せている。

東京五輪は新型コロナウイルスの影響で調整が難しかったといい、「1〜2センチの差で決勝に行けたと思う悔しさもあるが、何とかメダル（を獲得できた）。力を証明でき自信がついた」と述べた。

古川高晴選手 ©時事通信社

同じ近大洋弓部コーチで、初出場でアーチェリー女子団体5位などの成績だった山内梓選手（22）は「次は絶対メダルをとりたい」と宣言。古川選手も「ミックス（男女混合）でもメダルを」と新たな目標を掲げた。

8月1日（日）

その1、感動の池江璃花子と仲間達の姿。

メドレー400メートルは残念ながら成績はビリだったが、五輪の意義はこの池江の白血病との戦いに勝利した闘病と鋼鉄の意志の力だ！

その回復の速さ、そしてまさかの東京五輪に間に合った彼女の努力だ。そして彼女を支える仲間たち　これこそ五輪の勝利だ！

素晴らしい。僕がいう天才とは努力によって自分を磨き上げる力の持ち主のことだ！

彼女の涙とは自分が達成し

池江璃花子選手（右から2番目）とその
仲間たち ©朝日新聞社

たまず第一歩の自分自身への感謝とそれを支えた応援者への心からの感謝なのだ！

　美しい！泣き姿を見せても、美しい瞬間だ！

東京オリンピック HP.より
https://olympics.com/tokyo-2020/ja/
news/gt-0801-01

大池選手　© 読売新聞社

その２、美女満載の BMX free style 決勝。

　優勝の Worthington, Charlotte のかっこよさ。とにかく自転車というスポーツが無駄な贅肉を排除し、本来の女性の筋肉質な締まり切った肉体を作り上げるということだ！

　この種目は＜自分が楽しんでいるからこそ上達する＞　というこのスポーツの内在的アクロバット性と未知の美技への挑戦だ。しかしニコニコした女性は魅力が倍化する。日本の大池もがんばり、そのニコニコ顔がよろしい。

その3、日本女子バスケット・チーム。なんとナイジェリアを圧倒して8強に！

　宮沢夕貴という頼もしい選手がいるが、日本リードで迎えた後半の第3クオーター、彼女が3連続で3点シュートで沈め、一気に21点差と突き放した。

　ナイジェリアがたまらずタイムアウトをとった場面。萩原氏が「これこそ『ゴン攻め』ってやつですよね！すばらしいですね！」と絶賛した。

（注）
「ゴン攻め」は、スケートボードの解説を務めた瀬尻稜氏が使い、SNS上などで話題になった独特の言葉。この日実況を務めたアナウンサーも「東京オリンピックで話題になっている言葉ですね」と同調していた。

宮澤夕貴選手　©オリンピックHP
h ttps://olympics.com/ より

8月2日（月）

その1、女子体操床の村上茉愛選手の祝・銅メダル。

　激戦すなわちイギリス、さらにブラジルの選手がすばらしかった中で銅メダル。勝ちは勝ちだ！僕の審美眼だと、イギリスのインド系の双子姉妹ジェシカとジェニファー・ガディロヴァ、品の良いヨガを取り入れた床、さらにブラジルのレベッカ・アンドラーデ選手は金でもおかしくないほど素晴らしかったので……。

　アメリカのジェード・キャリーの全ても理解できた。イタリアのヴァ

村上茉愛選手　© 産経新聞社、川口良介撮影

ネッサ・フェラーリも＜鬼婆は鬼婆＞になりきって得したという作戦勝ちだ。

それにしても写真の村上選手の太腿の筋肉隆々の太さは、日頃の練習で筋肉を鍛え抜いたアスリートの誇りだろう！

文田健一郎選手　© 日刊スポーツ

その２、レスリング・男子グレコローマンスタイル 60 キロ級決勝。文田健一郎選手は銀メダル。

文田健一郎（25）＝ミキハウス＝はルイスアルベルト・オルタサンチェス（キューバ）に１―５で敗れ、銀メダル。1984 年ロサンゼルス大会の宮原厚次以来、37 年ぶりとなるグレコローマンスタイルでの金メダル獲得はならなかった。

試合後のテレビインタビューでは涙を流して敗戦を悔しがった。悔しがっても相手がそれ以上に文田を研究し尽くしていたもので、それをしなかった文田は、終始押されており、僅差とか見方によっては変な結果ならともかく完敗だった！でも銀メダルは凄いのだから……悔やむ必要はない！

入江聖奈選手（右）©ロイター

8月3日（火）

その1、入江聖奈選手の女子ボクシング・フェザー級で金メダル。

　なんという快挙か！ 痛々しいフィリピンの選手との決勝を制した。このフィリピン人もリオのチャンピオン。さらに銅メダルのイタリア・イギリスのインテリと軍人。

　入江の喜びの姿率直でかわいい。鳥取県米子出身。

　夢を実現した女性は、いつもすばらしい！

　勝利した瞬間から表彰式が終わるまで夢かと？ 何度も頬っぺたをつねったそうだ！

　写真を見ると、マスクと蝶ネクタイの女性のレフェリーが、なんと金髪ですらりとした長身。あまりに美しいので調べたらドイツ出身の元ボクサーだという。

　さて、女子ではフライ級で頑張っ

並木月海選手　©共同通信社

た並木月海が準決勝まで行って残念ながら敗れたが、銅メダルを獲得の快挙、この並木選手のもう勝気一本の攻撃攻撃まさにその勇気の素晴らしさを結構楽しませてもらった。

橋本大輝 © 朝日新聞社

その2、体操新エース橋本大輝の五輪「3つのメダルは5年間努力してきた証し」。

　3つのメダルを獲得した日本男子体操界の新エース橋本大輝。サイン色紙には感謝のメッセージを添えた。

　体操男子で個人総合の金、種目別鉄棒の金、そして団体総合の銀。3つのメダルを首にかけていた。団体戦は銀だが、優勝したロシア（ロシア五輪委員会）とは、わずか0.1点差だった。

　橋本は、3種目で堂々たる戦いぶりを見せ、あの予想もしなかった内村航平の鉄棒からの落下！その中で、日本の新しい体操のエース橋本ここにありを世界に知らしめた。団体、種目別ともに、最後の鉄棒の着地は、非の打ち所もない。おめでとう良くやった橋本選手に乾杯！

四十住さくら選手　© 日刊スポーツ

8月4日 (水)

その1、今日もスケボ（パーク）の恐るべき子供達の活躍＝満開の桜
を夏に開花させた。本日　まさにその桜は四十住さくらの金メダル。

　彼女の自己申告通り桜を満開させたのだ！

　そして銀メダルも開これも満開のカイだ！最年少の銀メダリスト。
さらに銅メダルは英国籍を選んだ宮崎生まれのブラウン（母親が日
本人）そして四位はこれも19歳の岡本。実は最後の逆転を狙って
最高の演技。最後の無理をしなければ転倒せずこれが致命傷で全員
三位まで日本人がかなえることができなかったが岡本の勇気はすご
い。

　姑息にまとめることをせずに一位を狙う健気さ。なんという日本
だ。なんという若者たちだ。これこそ日本の将来を背負
う心意気だ！決勝を全部見ること
ができた幸せ！最高だ！

　さらに言いたいのはこの和気
藹々の世界の選手、失敗しても笑
いながらそして励まし合う世界の
選手たちの姿、大人は汚い政治、
汚い経済、汚い宗教の世界のみ、

優勝した四十住さくら選手（右）と2
位の開心那選手 © 毎日新聞社・宮間
俊樹撮影

でもそれを洗浄するかのような子供たちのコスモポリタンの友情と微笑みと慰め合いが素晴らしいのだ。

　物事、各選手が楽しんでやれ！これが今後とも五輪の姿だ！あくまでも＜個人の、個人による、個人のための競い合い＞まさに選手も国籍を離れてわだかまりもない世界だ！

3位の野中生萌選手（右）と4位の野口啓代選手
読売新聞社、守谷遼平撮影

その2、スポーツ・クライミング女子にかぶりつき。

　昨日の男子の予選に続き本日は女子だ！なんという美しい筋肉なのか。最高のムキムキの筋肉。女性の美しさをここまで露出しているこの種目の行方、日本勢の野中・野口の戦い。明後日の決勝がどうなるのか楽しみだ！

　筋肉を鍛えよ！それは男女ともだ！なんという美しさか！なんという逞しさか！筋肉の美しさにほれぼれだ！

その3、レスリング女子62キロ級で、川井が決勝でアイスルー・ティニベコワを下す。

　川井友香子選手（23）が金メダルを獲得、出身地の石川県津幡町は5日、歓喜に湧いた。明日は姉の金メダルが取れるか！？

川井友香子選手　©読売新聞社、里見研

8月5日（木）

その1、男子スケート・ボーディング・パーク〜世界の進化は遥かに進んでいたのだ〜

　スノーボードのハーフパイプで冬季五輪2大会連続銀メダリストの平野歩夢（22 = TOKIO インカラミ）が、二刀流で夏季五輪パーク男子に挑んだが3回の試技で最高得点は62・03点で全体14位だった。あまりにも世界とレベルが違いすぎた。

　平野歩夢の夢も儚く、それは、虚像の神話だった平野の姿、それは日本国民の夢がまさに夢でしかなかったもので、平野の予選の三つの演技をみたが、二回転倒、技も、なんら面白さもすごさも感じない平凡なもので、当然の予選落ちだった。

　解説者が負けず嫌いに2回目の演

平野歩夢選手　©東スポ

オーストラリアのキーガン・パーマー
©Ezra Shaw

技は過小評価とコメントしていたが虚しいねえ！見るからに８０点
台の高得点選手の方が、圧倒的にレベルが上だった。金メダルの神業
と言える豪州のパーマー・キーガンの演技！写真だとわからないな！

**その２、レスリング女子 57 キロ級、川井梨紗子選手が 2 大会連続
となる金メダルを獲得した。姉妹揃って金メダルの快挙。**

　川井選手は、4 日に行われた 1 回戦と 2 回戦、それに準決勝を勝
ち上がり、5 日の決勝では、おととしの世界選手権 3 位でベラルー
シのイリーナ・クラチキナ選手と対戦した。積極的にタックルを狙

川井梨紗子選手　©朝日新聞社、加藤諒

う川井選手はポイントを
重ね、5 対 0 で勝って、金
メダルを勝ち取り、素晴
らしい快挙だ！

　川井姉妹はやりました、
素晴らしい家族愛。

**その３、スポーツ・クラ
イミング女子決勝。日本
は銀と銅メダル獲得にあ
る自然の中の美しい友情
と先輩と後輩の涙**

　素晴らしい最後の種目
のリートでの、これで引
退の野口の最後の絞り出
すような演技、そして野
中とともに銀と銅、さら
にスロベニアの本命の金

野中生萌選手（左）と野口啓代選手　©毎
日新聞社、佐々木順一撮影

メダル、三人が抱き合う姿、まさに五輪の意義はいまや国家ではな
くコスモポリタニズムなのだ！

　素晴らしい国籍を超えて讃えあう選手たちの励まし合いと全て

を出し切ったそれぞれの選手の演技を讃える素直な感動を共有する美しさがここにあるのだ！最高だ！

引退する野口さんの美しいスピーチは、アスリートの人間の潔癖さだ！不潔な政治や不潔な銭儲け屋！これを超越する国籍を超えた人間の人間らしい喜びの共有こそが五輪の意義なのだ！

嗚呼あと口の良い素晴らしいこの種目を満喫できてありがとう！

金メダルのスタノ選手（右）と銀メダルの
池田選手　©日刊スポーツ

その４、20キロ競歩に銀と銅メダルの健闘。

見ているだけで疲れるこの競技、五輪で多分歩いているのも辛いが、観客も辛い忍耐のレースだと認める。まるで華やかさがないのだから！嗚呼シンド！

陸上の男子20キロ競歩が札幌大通公園であり、池田向希が銀メダル、山西利和が銅メダルを獲得した。この種目で日本勢がメダルを取ったのは初めて。イタリアのマッシモ・スタノが1時間21秒05で優勝した。

その5、ボクシング・フライ級田中亮明選手が銅メダル獲得。

男子フライ級準決勝で日本の田中亮明（27）が、カルロ・パーラム（フィリピン）に判定で敗れた。同種目は3位決定戦がないため、銅メダルが確定した。

田中亮明選手　©岐阜新聞社

その6、空手女子形決勝の清水希容選手、無念の銀メダル。

清水希容選手、
© 毎日新聞社、宮武裕希撮影

　最後までやり切ったと言う。だからこそ判定にわずか0.18差で金を逃した清水選手の気持ちは痛いほどわかる。女子形決勝で清水希容（２７＝ミキハウス）はサンドラ・サンチェス（スペイン）と対戦し、銀メダル。試合後には「やっぱり金メダルがよかったなと思う」と大粒の涙を流した。

　かねて金メダルを目標に掲げてきた清水。満を持して得意形「チャタンヤラクーサンクー」で挑んだが「入りは落ち着いてできた。でも、普段から自分の中でちょっと苦手するような部分で呼吸が合わなかったりとか、急いでしまった。自分の中で練習通りにできたかと言われると、それができなかったところは悔しかった」と超一流のアスリートは悔しくても、自分の演技を反芻するプロ根性があるところが素人と異なる。次は勝てるよ、パリにて！

8月6日（金）

その1、レスリング女子53キロ級で、逆転勝ちの向田真優選手の金メダル。

　決勝で龐倩玉（チャイナ）を5—4で破り、金メダルを獲得した。龐倩玉は2018年、19年の世界選手権で銅メダル。

　逆転勝ちした向出は、「最後は気持ち。何が何でも金メダルをとろ

うと頑張りました」と話した。向田は1回戦でカメルーンの選手を10—0、2回戦はポーランドの選手を12—2と、いずれもテクニカルフォール勝ち。準決勝ではモンゴルの選手を6—3で破り、決勝に進出した。

　向田は18年世界選手権は55キロ級で1位、19年は53キロ級2位。

　女子で2番目に軽いこの階級では、正式種目になったアテネ大会以降、全4大会で吉田沙保里がメダルを獲得。「後継者」と期待された向田が、メダルを守った。

　最初向田が四点取られそれを逆転五点とって金メダル。ジェンダーの議論をすると袋叩きだから抑制する！笑

その2、不愉快な400メートルリレー棄権。

　納得いかないこの種目の無残さ！あれだけ期待された侍バトンがいつの間にか消えた、この大失態。それは多田から山縣へのバトンタッチだった。

「攻めのバトンパス」とは、テイクオーバーゾーン範囲内のギリギリでバトンを渡すことで、次の走者がトップスピードに乗った状態で受け取ることができる作戦らしい。

　多田選手はスタートが速いものの、終盤でスピードが落ちやすい

多田修平から第2走者の山縣亮太（右）にバトンが渡らず　©読売新聞社

©中日新聞社

選手だという。一方の山縣選手は決勝での集中力が高く、想定していたよりも走り出しのパフォーマンスが良かったようだが……。

　騎手まで任された山縣選手だが、何かこの件での多田選手への対応には、いまいちスポーツマンシップなる、人間性を感じなかったのは残念だ。

　言葉で言うのは簡単で「受け渡しの際の２人のスピードがかみ合わなかったこと」が、バトン・ミスにつながった要因と言うことだ。

　自分の責任と歩いては崩れ落ちる多田選手、これに対して山縣選手の立ち居振る舞い。そこに桐生選手の暖かい仲間意識。＜泣くな多田君、君一人の責任ではない。これ僕ら４人の共同責任なんだよ！ここまでやって来たんだ！出来たんだよ！泣くな多田君お前の責任ではないんだよ！＞そんな表情で慰めている姿に、心を打たれた。山縣選手は、開会式の旗手でしたわな！

その３、空手男子形、喜友名諒が金メダル。

　予選、準決勝を順当に勝ち上がると、決勝では２８・７２点を挙げ、２７・６６点のダミアン・キンテロ（スペイン）を下した。

　空手の日本勢は女子形の清水希容(ミキハウス)の銀に続くメダル。

喜友名諒選手　©毎日新聞社、梅村直承撮影

表彰台に立つ稲見選手　© 産経新聞社

8月7日（土）

五輪ゴルフ女子　モネちゃん銀メダルに輝く

　ゴルフ嫌いの僕が昨日から今日にかけて面白くて見続けたこの霞ヶ関の戦い。なんと稲見さんがニュージーランドのKOさんと二位タイでプレーオフ第一ホールで勝利を得て銀メダル。

　まさに快挙だし、この稲見さんは、聞くところによると練習の虫。真面目で度胸のある人柄のように見えた。物おじしないチャンスやピンチに強い新しい若い世代の22歳の日本人だ！だから見ていてもこのパットは入るぞと彼女の心の中に自信を持って入り込めるのだ！危なげがない安定ゴルフ。しかもリスクテーカー。虎穴にいらずんば虎子を得ずの思い切りがすばらしいのだ！

　優勝は細身の金髪のランク世界一位のネリー・コルダ　お姉さんのジェシー・コルダも参加で好成績の二人だ！とにかく細いやや胴長の背の高い体からよくこれだけ玉を飛ばせるか不思議なほど。

　でも彼女も本日は追い詰められてタイ首位となったほど、稲見も金のチャンスはあったのだが、役者は上手のネリーは、ピンチを振

り切る老獪さ！やはり世界一なのだろう。銅メダルの KO さんも勝負強いさすが元世界一ランキング。リオでは銀メダル。顔は京劇のチャイニーズの嫉妬と狂気の性格の顔だが、意外にマナーはよくて競争相手を祝福する余裕がある。

とにかくよかった稲見さん！ゴルフは五輪から外してもよい、という意見は変わらないが、とにかく良かった。それに面白かった！！

ついでにテレビ解説の元日本の女子ゴルフの最高を極めた森口祐子さん、うまいのなんの。これだけ良い解説は嫌いなゴルフを楽しくさせるのだった。

須崎優衣選手、© 時事通信社

その２、レスリング女子 50 キロ級須崎優衣選手の圧倒的勝利。

決勝相手を丸太のようにクルクル転がし転がした須崎優衣の実力最高だった１分 30 秒で栄冠だ！このチャイニーズ転がしは最高だった。五輪初出場でこの快挙！

須崎選手の金メダル表彰式に伊調さんが和服でメダル授与していたがやっぱり和服だ。近隣諸国の誰もが真似できないし誰もが似合わない。日本人だけが似合うのだ！これほど素晴らしい服装はない。

当たり前だ！ついでに金髪族が着てもインド人も、日本人以外は似合わないことを付け加える。ただし伊調さんの年でいくら独身といえども振袖は？？？ですがね、爆笑。

乙黒拓斗選手、© 毎日新聞社、徳野仁子撮影

その３、レスリング・男子フリースタイル 65 キロ級。乙黒拓斗（22＝自衛隊）が金メダルを獲得した。

　決勝でリオ五輪銅メダルのアリエフ（アゼルバイジャン）を５－４で下した。接戦を粘り強く繰り返し、攻撃を続けた勝利だった。18 年世界選手権を日本勢最年少となる 19 歳 10 カ月で制した乙黒だが「スタイルはない」という変幻自在の攻撃が特徴。
「スピードとか、猫が戦っているみたい。空中戦みたいな。攻撃している時は足がマットに付いてない状態で回転したり。アニメみたいな、そういう状況が得意です。そういうところが魅せられればいいな」と５歳からレスリングを始めた天才は語る。

その4、野球の決勝戦でアメリカに勝って金メダル。

　五輪の野球ほど違和感のあるものはない。なんでこれほど商業主義がないほどの野球、それも素人のアマが出ない全てプロのスター選手の集まる反五輪精神のこの競技に僕は納得できない。

　もちろん綺麗な心で侍ジャパン世界一を目指している稲葉監督以下のストイックな意気込みは評価している。そしてついに勝利した本日。2：0で悲願の金メダルだ。パリは種目としてやらないそうだから、本当に良かった！おめでとうと言いたい。

　見事に金メダルを獲得した侍ジャパン。稲葉篤紀監督が「集大成」と位置づけた東京五輪で、野球日本代表「侍ジャパン」はついに金メダルを獲得したのだ。

　1992年バルセロナ五輪で正式種目になってから一度も頂点に立ったことがなく、3大会ぶりに採用されたが、2024年パリ五輪で、野球はソフトボールとともに再び除外されることが決まっているのだ。

8月8日（日）

その1、女子バスケット。決勝戦まで行ったこの意外性とこの選手の努力。

　楽しみに試合を全部見たが、まずアメリカ軍の凄さ、パッパッパッと１０数点の差がつきそれが次第に二十点を超えていったが最終的にはアメリカ９０日本７５で15点差。ほとんど見ていてアメリカの圧倒だったが意外に点差は最後は15点。しぶとくかぶりついた日本軍の善戦かもしれない不思議な感覚である。

　このコーチであるトム・ホーバス（アメリカ人、1968年生まれ）はまさにパワハラ丸出しに選手を怒鳴りつけているサディストのように見えるが、彼が就任した2017年東京五輪は絶対にアメリカとの決勝のレベルまでもっていくと宣言したという。

　そしてこの夢が現実に　よほどこのコーチのトレーニングが素晴らしかったといえる。ベルギーに勝ってフランスに勝って破竹の勢いの日本軍は今日の決戦まで行き着いたのだ！

歓喜する女子バスケット選手たち　©朝日新聞社、杉本康弘撮影

とにかく身長が１６０センチのとてもバスケットには向かない選手が大活躍、小柄な日本人がバスケットでもできるという夢を与えてくれたこの意義。素晴らしい選手がここまで達成したこのチーム力はまさに団体競技の醍醐味だった。

　おめでとう。誰がバスケット七連覇のアメリカに最後決勝戦で立ち向かえることを予想できたのか　まさにホーバス・コーチ以外いないはずだ。

　こんな日本代表の興奮の叫びが掴んだ、勇気と希望が詰まった、誇り高き銀メダル！次は７連覇のアメリカを破り、世界のバスケ界の歴史を覆すパリ五輪へ。かつての夢物語が現実となる日が来ると信じて。

その２、自転車トラック女子オムニアムで梶原悠未選手が銀メダル。

　20年世界選手権女王の梶原悠未（24＝筑波大大学院）の活躍で、五輪での日本女子選手としては初の快挙となった。この種目も事前に勉強して興味があれば面白くなるのだろうが、テレビ画面を見るだけではさっぱり意味がわからない。参考書と新聞記事を見ると。

　オムニアム・トラック中距離の複合競技。（1）スクラッチ＝女子

7・5キロ(250メートルトラックを30周)の距離で着順を争う（2）テンポレース＝5周目以降、周回ごとに先頭選手にポイント（3）エリミネーション＝周回ごとに最下位の選手が脱落（4）ポイントレース＝80周で競う。10周ごとの順位でポイントを上積み。1日に4種目行い、成績をポイント換算して順位を決定する、ということらしい。

©中日新

1日に4種目の合計点で競う女子オムニアム。第1種目「スクラッチ」では終盤に約10人が巻き込まれる大クラッシュが起きたが、梶原は2位でゴールした。第2種目「テンポレース」は5位タイで総合3位と順位を下げたが、第3種目の最後尾選手が周回除外されていく「エリミネーションレース」は有力選手が次々と除外される中、奮闘。ラスト2人まで残り総合順位を再び2位に上げた。

　ラストの第4種目「ポイントレース」でもポイントを積んだ梶原。終盤に落車のハプニングもあったが、レースに戻り表彰台を決めた。

　転倒しても銀が取れると言うのはネヴァ・ギブ・アップ（Never give up）の精神が生かされているのだろう。

　高校時代から自転車競技を始め、母・有里さんと二人三脚で歩んできた。五輪延期が決まった後も、拠点の静岡・伊豆で有里さんと調整を続けてきた。

「凄く声援が力になった。最後の種目は難しかった。母と毎日吐くぐらいのトレーニングを続けてきた。周りの応援が苦しい時の支えになった」と言う。

　これも家族ぐるみの選手たちの日頃の訓練の典型かもしれない。素晴らしいアスリートの家族の在り方だ！

　ちなみに梶原悠未（かじはら・ゆうみ）1997年（平9）4月10日生まれ、埼玉県出身の24歳。筑波大坂戸高から筑波大に進み、20年4月から同大大学院。17年12月のW杯女子オムニアムで日本勢初優勝。20年世界選手権で優勝。1メートル55、56キロ。

その3、閉会式。

　今夜の小池知事よりイダルコ・パリ市長への五輪旗引き渡し楽しみだ。

　昨夜の二者の会談ではお互い意気投合し、まさに女から女への史上初の五輪旗引き渡しが行われた。なんという素晴らしい瞬間だろうか。まさにパリという世界一美しい大都会、パリというまさに世界の哲学思想の最先端、パリというまさに人間の徹底的自由の中で

イダルコ・パリ市長©Wikipediaと小池百合子東京都知事
© 日刊スポーツ

世界の先駆者という思想の発想、フランス革命の時にあの過激な運動を批判するイギリスのエドマンド・バークの保守思想もあるが僕はそうは思わない。まさにあの時代に世界を麻酔にかけて歴史を止めた罪深いキリスト教、カトリックに鉄槌を加え聖職者たちをギロチンに追い込みノートルダム寺院を人間の理性を絶対とする、まさに実存主義の先駆者ともいえるパリのフランス。

　ロベスピエールという徹底的論理明晰・実践主義の革命家は、あれだけめちゃくちゃ過激に走ったからこそ現代思想の先端たるフランス主義があるのも事実だ！現代の価値観（人権主義などの思想）で歴史を評価してはならない。

　そんなパリに小池都知事が和服を着て堂々と五輪旗を手渡すこのセレモニーを行った。あれほど小柄の小池でも、体から発散するオーラがあるのだ！

　絶対にスペイン人の血をひくイダルコ市長と互角に堂々と　しかも女性の絶対に男が侮れない世界を構築するまさに偉大な興奮すべきイヴェントとなること間違いない。

　女性こそまさに世界を支配するジェンダーであり、まさにこれを梃子にして男性がその力で力強く新しい世界を女性とともに築き上げる、こんな幻想であってもいい。東京とパリ、最高の女性トップ同士の象徴的関係と小池さんの次の野心を暗示するような素晴らしい閉会式を予感するのだ！ https://news.yahoo.co.jp/articles/eb077daa7e6bf1d95867bebbfca82a161802b4fb

五輪閉会式
　何の存在感もオーラもない、某宮家や首相の顔が気になる。
　まあ次のパリの演出のすばらしさ

に期待するが、小池都知事にももっと存在感を示してほしかった。

でもバッハの自己顕示欲はあったとしても、誰が脚本を書いたのは知らないが、橋本会長の見事なスピーチに感動する。

その他冗長な演出はあったとしても許そう。今回の五輪は最高の危機の中の五輪であり、心を打たれる人間愛に満ちた最高の五輪だったと自慢しよう。

これにケチをつけるのはまさにアホだ！おバカだ。

この素晴らしい五輪を僕は本当に楽しませてもらったし、人間とは何か、人間愛とは何か、人間の美しさとは何かを毎日毎日、涙をもって感動させてもらった。ありがとう！

世界のアスリートたち、そして我が民族の活躍と涙、本当に心より感謝する一人だ。

閉会式に小池さんとパリ市長にも話して貰いたかった！くだらない踊りや歌は不要だった。

最高だった五輪。ほんとうにこれを断行できた日本人の能力と決断に感謝以外なにもない。サイコーだった。

もし生きていたらパリで柔道を見たいのが僕の気持ちだ。

橋本聖子さんの名スピーチ

「東京大会は多くの会場が無観客での実施となりましたが、会場では日本の子どもたちが育てた朝顔が選手を出迎えてくれました。朝顔のつるはたくましく、そして、力強く、世界の人々の結束を著しているようでした。また、優しく咲く朝顔の花と、そこに込められた子どもたちの思いに、私たちはどれだけ励まされたことでしょう。ありがとうございました」

オリンピックに参加したアスリートに敬意を示し、「オリンピアの皆様が描いた軌跡は

挨拶する橋本聖子・組織委員長
© 日刊スポーツ

どんな言葉でも表せない」と語った。そして、「どうか、この景色を忘れないで下さい。やり遂げた自信と誇りをもって、語り続けて下さい」と呼びかけた。

　パリ五輪へ向けて、「大会を終えた今、アスリート、スポーツの力で未来への扉が開かれました。この力が 2024 年につながっていくと信じています」と語り、「私たちの旅はまだ続きます。逆境を乗り越え、自らの可能性を信じる、パラリンピアンの躍動が始まります。私たち組織委員会は万全の準備でパラリンピックを迎えたいと思います」と続けた。

フランスの
マクロン大統領
© 中日新聞社

第2章

東京五輪に見る世界の
ミロのヴィーナス級
美女列伝

今時のそれは差別・差別である。反差別意識が言論界を支配している。こんなことでは男女問わず生きていけないのだ。男女はその機能からして区別があるだろうが！その区別を全て憎しみの原点たる差別に持ち込むのが今流行りの政治のイッシュー (issue) と言える。

　言葉狩りが猛威を振るって、人間の自由闊達な発想を全て揚げ足でケチをつけ発言者を葬る風潮に対して僕は、一切言葉狩など無視して、古代から愛されたフレーズや言葉を殊更この風潮に殴り込みをかける意味で堂々と書いてきた。もう我慢がならない。

　僕は徹底的な自由主義者であり、表現の自由を徹底的に主張する。嫌いなものは嫌いだ、好きなものは好きだ、この人間の感情を誰にも支配させてはならない。その支配こそが共産主義と全体主義のまさにジョージ・オウエルの警告した社会だ。

　保守という陣営も今や、一つの偶像を作り、小泉や安倍が絶対の神のごとく、誰もが反対を唱えることを許さない風潮になっている。サヨクは何をか言わんをや！何が悲しくて、僕が生理的に嫌いなものを嫌いと言えないのだ！何が悲しくて、僕が好きなことを好きと言えないのだ！言論の自由は青天井の自由だ！だからこそ僕の生き甲斐があるのだ！冗談じゃない！何が悲しくて嫌いなものを好きと言わされるのだ！絶対に御免こうむるのが僕の基本姿勢だ！

　そんな意味で僕は東京五輪をたまたま「引きこもり」で楽しんだので、本書を書くことにした。

　五輪は日本選手中心にテレビ放映は企画されているので、日本人選手が出ない種目はほとんど目にすることはない。僕はアメリカ生活で五輪は 2 回ほど経験した。アメリカにいると日本人選手が活躍する種目など探すのも面倒であり、よってテレビを見ないのが常だ！

　さて本書はいろんな観点から書いているつもりだが、僕たち健康な男にとって胸がときめくのは、女子種目に＜美しい人＞を発見する喜びだ。それを差別というなら、どうぞご勝手に差別主義者と僕のことを呼べば良い。少なくとも今の法律では僕は無罪だ！

　そのうち美女という言葉が言葉狩に該当するだろう。そして次世

代には美女は禁句、そして死語となるのだろう。

馬鹿馬鹿しくてやってられない！

ふざけるなと言いたい！

美人コンテスト廃止も近未来に起こるだろう。＜美人だから＞と言えないことは、例えばブスとの縁談を断ったら、差別主義者として刑務所に投獄される社会もマジありうるだろう。その頃には僕はもう冥土だから、言いたい放題をこの本で書くことにした。

そんなわけで、将来希少本として僕の本が東京五輪での＜厳選美女２５人＞を選んでいることが人々の細やかな隠れた楽しみになる、恐ろしい世界には、死んだ自分が関係ないなどと無責任に言いたくはないが、そんな世界が来るような気がしてならない。

男は永遠に美しい女性を求め、敬愛し、そんな美しい女性を守るための男の立場で男らしく生きたいと思っている。それを＜お前、美女などというなどけしからん！＞と言われると、もうこの世に生きる価値などない。

何が悲しくて、僕は＜ああしてはいけません、隣人愛で行きましょう、差別用語で人を傷つけてはいけません＞と言われようとも、どうぞ、僕は嫌いな奴は嫌いなのだ。100回でも、1000回でも10000回でもはっきり言ってやる。＜僕は美人が大好きだ。もちろん僕にとっての美人とは僕の美的判断によって僕が自由に決める尺度だ！いかなる美人の計測的データや押し付けられた美人の定義に反対する。僕は自由主義者だからだ！＞

さて美人列伝を東京五輪から、僕の美的感覚から選んでみた。その結果、平等主義寄りの世界人口の割合から白人％黒人％アジア人％などと２５人を比例配分する気など毛頭ない。全て自由闊達な僕の美的感覚からの選択だ。もちろん五輪選手を全部が全部見たわけではないことともここに書いておく。

　なお、１からの順番は美女の順位ではない、アルファベットで姓名の性の順である。以下、この順に美人たちの写真を羅列していく。

©Getty Images

1.
ACOSTA,
Valentina

アコスタ、ヴァレンティーナ

　アコスタ、ヴァレンティーナは、コロンビア代表で、2000年生まれのアーチェリー選手だ。身長は163cmだが、ハッと驚く美しさと可愛さ、それにコスチュームのカラフルさがぴったりマッチング、僕の目を虜にしてくれた、南米よりの選手である。

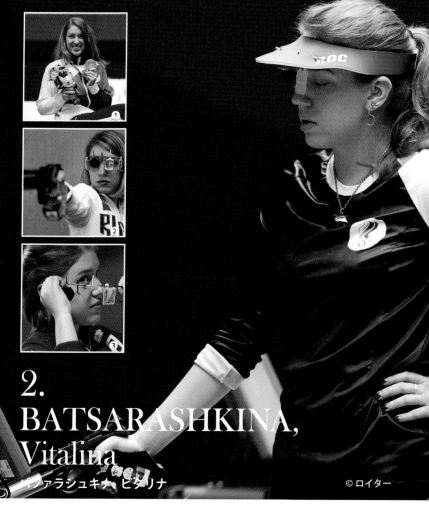

2.
BATSARASHKINA,
Vitalina

バツァラシュキナ、ビタリナ

バツァラシュキナ、ビタリナは、1996 年生まれのロシア代表のピストル射撃の選手だ。身長は 162cm。

25m ピストルと 10m エア・ピストルにてそれぞれ金メダル合計 2 個、混合団体 10m、エア・ピストルにて銀メダル。

ひときわ目立つロシア美人、しかも暗殺者ニキータを連想しないお嬢様顔。海外雑誌でも美人で有名だ。気の優しい女性、ピストルを使って KGB 要員？などには絶対になれません。

3.
BILODID, Daria

ビロディッド、ダリア

　ビロディッド、ダリアは、ウクライナ代表。2000年生まれ。慎重は１７２cm、体重は48kg。柔道の女子48kg級にて銅メダル獲得。

　両親とも柔道家で、父は娘が柔道をすることを求めなかったが、娘は父が果たせなかった夢をと東京五輪で金を狙うも渡名喜に敗退、根性で銅メダル獲得、チャーミングで可愛い柔道家だ。

4.
BUFONI,
Leticia
ブフォニ、レチシア

　ブフォニ、レチシアは、ブラジル代表。1993 年生まれ。種目はスケート・ボードで、身長は 160cm だ。

こんな素敵でセクシーな女性が、あなたが街を歩いている時、その横を滑走したら？

　あなたは一生そのワクワクした青春に戻ったような思い出を胸に何回夢を見るでしょうか？

❶ @LeticiaBufoni
❷ ©Getty Images
❸ ©jasonrodman

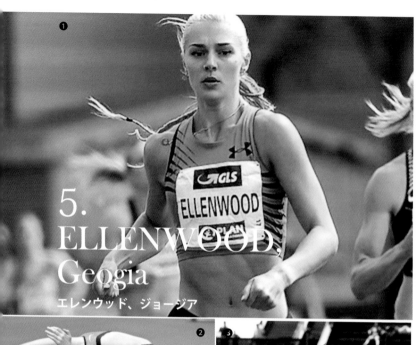

5.
ELLENWOOD, Geogia

エレンウッド、ジョージア

　エレンウッド、ジョージアは、カナダ代表で 1995 年生まれ。 種目は陸上 7 種競技であり、身長は 170cm、体重 :63kg。

　最も苦しい 7 種競技をこなす彼女は〜鉄の美女〜と呼ばれ、そのモデルのような容姿はインスタグラムのフォロワーがなんと４０万人いる。天真爛漫な性格は写真からも伺える。美しく、強く生きる模範だ！

6.
GARNBRET,
Janja

ガンブレット、ヤンヤ

　ガンブレット、ヤンヤはスロベニア代表。1999 年生まれ。種目はスポーツ・クライミング。身長は 164cm である。スポーツ・クライミング女子総合部門にて金メダル。

　スロベニアは美しい国だ。まさにスラブ系美女、日本の野中・野口も活躍銀銅メダル、五輪の新しい種目で面白い。ヤンヤは小粒に見えても身長１６４cm もある。小粒に見えるというのは危なげがないということか、とても軽やかで好感を持てる世界のトップクラスの選手だ。

7.
GIORGI,
Camila
ジョルジ、カミラ

　ジョルジ、カミラは、イタリア代表。1991年生まれ。種目はテニスで、身長は168cm 体重は54kg。

　容姿が可愛くて性格も良いだろうと思うが、試合後の対戦相手との握手など態度が悪いとの非難も、きっと勝気な女なんだろう、だからこそ男も惹かれるタイプなのだ。性格が良いと呼ばれるのは、アホだということもある。

①

②

③

8.
GÜNEŞ,
Zehra

ギュネッシュ、ゼフラ

　ギュネッシュ、ゼフラトルコは、トルコ代表。1999 年生まれ。種目は
バレー・ボール。身長は 197cm、体重は 82kg。
　なんとチャーミングなトルコ美女か！素晴らしい大型女性だが美しい限
り、誰もが認める世界的普遍性美学から言っても最高の健康美だ。

9.
KELMENDI,
Majlinda
ケルメンディ、マイリンダ

　ケルメンディ、マイリンダは、コ
ソボ代表の柔道選手。1991 年生まれ。
身長 163cm。
　リオ五輪の 52 キロ級のコソボの金
メダリストだ！コソボはユーゴ解体の
紛争後、セルビア内にありセルビアは
コソボの独立を認めていない。彼女の
柔道着がとても似合う、今回の東京大
会では金メダルを阿部に取られ、メダ
ルなしに終わった。

10.
KLINEMAN, Alexandra
アレクサンドラ・クラインマン

　アレクサンドラ・クラインマンは、アメリカ代表のビーチバレー選手。
1989 年生まれ。 身長は 195cm。エープリル・ロスとのペアで金メダル
獲得。

　まさにアメリカ人、まさにアメリカの健康美。この身長とこの迫力に
は圧倒される。美しい。 カッコいい！ なんという女性の未来の象徴のよ
うな彼女だ！

© フェイ

11.
KONG,
Vivian

江旻憓 コン、ビビアン

❶
❷
❸

　コン、ビビアンは香港代表選手。1994年生まれ。種目はフェンシング・エペ。身長は178cm、体重は66kg。

　自由を抹殺された香港。多分彼女は英国領の時代の雰囲気でかかる貴族的スポーツを学んだのだろう。今回はメダルなしだが、彼女の東洋人としての格好良さを僕はあの香港弾圧の中選んだのだ。香港に自由を！

©GDO ニュース

12.
KORDA,
Nelly

ネリー・コルダ

　ネリー・コルダは、アメリカ代表のゴルフ選手。1998 生まれ。 身長178cm。女子ゴルフで金メダル。

　両親ともテニス選手で、ジェシカとともに姉妹で参加。名女優フェイ・ダナウエーに似たエレガントな服装と動作は、どこにそんな力があるのか不思議なほど。とにかくドレッシーでお洒落な彼女であり、追い詰められてもビクともしない度胸とピンチに強い女性である。感嘆した。

13.
KOVACS,
Sarolta

シャロルタ・コバチ

　シャロルタ・コバチは、ハンガリー代表の近代五種の選手。　近代五種とは、1人で射撃・フェンシング・水泳・馬術・ランニングの5種目を行い、銅メダル獲得。1991年生まれ。身長は167cmだ。

　こういう種目に日本人はまだまだ未開の地だ。このコバチ、ハプスブルグ家の時代を彷彿とさせる堂々とした彼女を選んだ。

14.
KUKA,
Loriana

クカ、ロリアナ

© 柔道インサイド.com

　クカ、ロリアナは、コソボ代表の柔道選手。1997 年生まれ。

　コソボは 2 人柔道を選んだが、柔道強国だ！ロリアナも誠にガーリーな魅力ある女性だ。柔道とは矢張り美しく繊細な女性が背負い投げや巴投げで美しく勝負した姿が男性を悩殺する。

15.
LEVECHENKO, Yulia

レフチェンコ、ユリア

　レフチェンコ、ユリアは、ウクライナ代表の走高跳の選手。1997年生まれ。身長は179cm。

　なんという悩殺して余りある彼女の女性の魅力には圧倒される。美しいエロティシズムは、まさにあの古代ギリシャのミロのヴィーナスだ。

©NBC news

16.
MANUEL,
Simone

マニュエル、シモーネ

　マニュエル、シモーネは、アメリカ代表の水泳選手。1996年生まれ。身長は178cm、体重は67kg。4×100mリレーで銅メダル。

　彼女の鷹揚な笑いがとても素敵だ。人間はみんなが笑える余裕があるときは平和なのだ。とてもチャーミングな彼女の笑いに魅せられた。

❶ ©Reuters / Piroschka Van De Wouw
❷ © トヨタイムズ
❸ © トヨタイムズ

17.
MHICHIKH,
Yaroslava
マフチフ、ヤロスラワ

　マフチフ、ヤロスラワは、ウクライナ代表の走高跳の選手。2001 年生まれ。身長は 181cm、体重は 55kg。走高跳で銅メダル獲得。

　スラブ系の美女。やはりスラブ系というのはバイキング時代から拉致される運命となるほど美しかったのだろう。走高跳ってバックサイドからタイミングで足をぶったてて棒をクリアーする。鍛え上げた女性の姿は美しい。

18.
MORGAN,
Alex

モーガン、アレックス

　モーガン、アレックスは、アメリカ代表のサッカー選手。1989 生まれ。身長は 170cm。アメリカ代表選手として銅メダル。

　アメリカ女子サッカーで最高年収。産後の東京五輪で、妊娠前より強くなったと語る彼女の凄さ。ど迫力の美人。もう場を圧倒する魅力だ。

❶ ©himemizu.com
❷ ©AFPBB News
❸ © 朝日新聞社

19.
PIETRINI,
Elena
ピエトリーニ、エレーナ

　ピエトリーニ、エレーナは、イタリア代表のバレーボール選手。2000年生まれ。身長は190cm、体重は73kg。

　イタリア・バレー・ボール・チームは美女揃いで有名。このエレーナは最高のイタリア美人だ。美女は見ているだけで心が弾む、そんなエレーナは最高だ！

❶ ©volleymob.com
❷ ©volleymob.com
❸ ©http://worldtour.2017.fivb.com

20.
SCOCCIMARRO,
Giovanna

スコッチマッロ、ジョヴァンナ

©Reuters / Sergio Perez

スコッチマッロ、ジョヴァンナは、ドイツ代表の柔道選手。1997 年生まれ。柔道混合団体で銅メダル。

なんかホットするイタリア系ドイツ女性。品があって憎めない。柔道は強い。特に日本人好みの彼女は、とてもチャーミングだ。激しく体をぶつける柔道そして相手の隙を狙って一瞬の勝負。そんな美学が女性もさらに美しくするのだ。

©Reuters / Sergio Perez

スプリングスティーン、ジェシカは、アメリカ代表の馬術の選手。1991年生まれ。 アメリカの障害飛越競技の団体で銀メダル取得。

父は有名な歌手のブルース・スプリングスティーンであり、まさに何の不自由もなく4歳から馬に乗り6歳の時に自分専用のポニーを貰い、馬術に打ち込んだ。

それを金があるからできたというなかれ、金があっても何もできない奴が殆どだから、それは汚い嫉妬心である。悔しかったらやってみな！

21.
SPRINGSTEEN,
Jessica
スプリングスティーン、ジェシカ

❶ ©Getty Images
❷ ©Getty Images
❸ ©Reuters / Alkis Konstantinidis

22.
SHMIDT,
Alica
シュミット、アリカ

　シュミット、アリカは、ドイツ代表の陸上選手。1998 年生まれ。 身長は 176cm。

　多分彼女の美しさは、今回参加者の中でトップだろう。彼女はファッション・モデルも兼業している。美しランナー、惚れ惚れする美しさ。この世の現実か、夢の中の幻か？そんな美しい彼女を堪能して欲しい。

❶ © スポーツ報知
❷ ©AFLO
❸ ©todays-news.net

©Instagram(alicasmd)

23.
SZOCS,
Bernadette

スッチ、ベルナデッテ

　スッチ、ベルナデッテは、ルーマニア代表の卓球選手。1995 年生まれ。身長は 159cm、体重は 48kg

　小柄な体格は同じくルーマニアの歴史的体操選手コマネチを思い出す。彼女のラテン系の顔は矢張り個性的。伊藤選手と対戦経験があるか興味があるが……こういう個性派を発見するのもやりがいを感じるね。

❶ ©Reuters / Thomas Peter
❷ ©Reuters / Thomas Peter
❸ ©Reuters / Thomas Peter

ワース、イザベルは、ドイツ代表の馬術選手。1969年生まれ。 馬場馬術団体で金メダル。個人で銀メダル。

　彼女は、なんとも言えない貴族的雰囲気があり、選んだ。バルセロナ五輪から5回五輪に出場金メダル6個と銀メダル4個を獲得している。まさにベテランだ。

© 東京オリンピック公式HP

24.
WERTH,
Isabelle
ワース、イザベル

©Reuters / Alkis Konstantinidis

25.
WU, Chia Ying

呉佳穎　ウ・チャイン

　ウ・チャインは、台湾代表の射撃選手。1992 生まれ。身長は 155cm。

　台湾というと日本人が最も親近感を持つ。この可愛い僕らの仲間を大い
にチアーアップしたくなるのだ。

© 自由時報

❶ ©Reuters / Ann Wang
❷ © 蘋果新聞網
❸ ©Reuters / Ann Wang

第3章
東京五輪に見る世界のファッションを楽しむ

いつも辟易するのは東京五輪開会式には日本の文化のひとかけら
も感じないとか、どっかの敵対国のドローン技術を騙されて使って
いるとか、もうアホらしくてそんな議論に僕は耳を傾けない。大体
五輪の精神から見て、国威の高揚など、そんな化石のような世界を
求めて、五輪の存在価値などないのだ。この議論は第4章で議論し
ているのでここでは省略する。

　五輪の精神から言えば、五輪の主催国が、地方の踊りやら夏祭り
の囃子などを打ち上げても、そんなものお土産物屋で旅行客が日本
の土着のものを珍しそうに買うようなものであり、そんなものが国
際性を持って、みんながそれを評価することはあり得ない。

　まさに自己満足であり、そんなローカル文化性から脱皮しない国
などが五輪を主催する資格はない。この議論がいまだに古いオツム
の、伝統伝統を主張する日本の人々に取り付いているようだ。

　今回の五輪開会式にしろ、閉会式にしろ、そんな辺境なナショナ
リズムが少なかったことが、素晴らしいと僕は思うのだ！それでも
相変わらず、和太鼓やら日本の踊りなども、アクビを抑える場面も
あった。日本の文化で、こんな祭り事に、普遍性を持つものなど所
詮ないのである。そんなことをやって、外国人は顔を引きつらせな
がらお世辞を言う、そんな世辞を本心だと思う日本があるとしたら、
まさにナンセンスなのだ！

　その意味で建築家の隈研吾氏の設計した国立競技場は素晴らしい
（表紙参考）。彼は別に日本・日本などと叫んでいない。誰が見ても
美しい自然の材木を活用した画期的な競技場、これこそが万国に通
じる美意識だ。

　それをお神輿やら日本の地方の踊りなど、もう退屈極まりない。
そんなもの日本の文化と言えるものか！まさに、発展途上国の、ロー
カルな祭りのつまらなさ、これを日本の＜ウヨク＞と称する人間ど

もが求めているのは、僕にとってはお馬鹿としか言えないマンネリと独善性だ。

　あのね！世界の誰もが認める完璧な普遍的美しさは、あの閉会式のパリの受け入れ態勢こそが 100% 洗練そのものだ！あれを、まさに近代の進化を意識した最高の美学による、最高の普遍的な美と言うのだ！

　さて前置きが長すぎたが、五輪でのファッション、相変わらず日本のモッサいファッション性には驚いた。

　まず日本の制服、1964 年の東京五輪と赤と白を上半身と下半身にすげ替えたこの思考の停止というかアホらしさ、これほど、1964 年の自己満足の懐古と言える、惨めでみっともない服装は五輪参加国でも際立った。

ヘンテコなデザインのユニフォーム
© 東京オリンピック公式 HP

1

さらに僕が最も違和感を感じたのがこの服装だ！このまさに＜反日の塊の意図＞があるとしか思えないヘンテコなデザイン、誰がやったのか、誰が許可したのか、許可したやつの顔が見たいというのがこの最低のデザインだ。

ヘンテコなデザインのユニフォーム
© 東京オリンピック公式 HP

伊調馨選手の和服姿
© 毎日新聞社、徳野仁子撮影

　日本人のこのデザインへの嫌悪感情が支配したのか、今回あまりに、このデザインは目立たなかったのが救いだったが、誠に無駄な血税だ。何よりも、レスリングの須崎優衣選手表彰式で、伊調馨選手が振袖（歳と振袖の慣習議論は別として）で栄誉を讃えたが、最高の普遍的美学だった。

　そんな意味で、世界のユニークなデザインの数々を僕の趣味に基づいてグラビアで羅列しよう。

1 開会式にて：異例の日本語の看板とアイウエオ順の入場
　無観客の東京五輪。いつも盛り上がる開会式の筈が勿体無いような静寂さに覆われる。しかし天皇陛下を中心に外交関係者、五輪関係者だけが選手を見つめる目が凝縮され、威厳を持たせ、夜空へのショウを含めて、全員が開催された＜感謝の気持ち＞を込めて素晴らしい歴史に残る開会式であった。

　その中で順不同に、僕の目をハッとさせた選手団の一部の写真を列挙する。

01

イタリア
©デイリースポーツ

イタリア
アルマーニのファッション　目立つイタリア

イラン　©Getty Images

Islamic
Republic of Iran

02

イラン
露出部を減らした中に、美しいカラーコンビネーションが光る。

アメリカ　©CNN

03
アメリカ
ラルフ・ローレンのスカッとした若さを表すファッション

スウェーデン
© ベースボールマガジン社

04
スエーデン
黄色が効いている。

105

デンマーク　©Getty Images

05
デンマーク
同じ赤と白でも、どこかのお国とは洗練度が異なるのだ！

イラン　©Getty Images

06
ベラルーシュ
怖い怖い独裁者国家。この中にリトアニアへ亡命した彼女が？

ベルギー　© スポーツ報知

07
ベルギー
この赤のパジャマみたいな薄い生地、これがええんですわな！

ポーランド　© 文春オンライン

08
ポーランド
ナショナル・カラーの白と赤。マスクも赤。本物の美人なので
マスクの下を想像する楽しみだ！

107

ポルトガル　©pikarine.net

09
ポルトガル
意外に気に入ったのが下半身の美を強調するこのファッションいけますぜ！

108

10
モンテネグロ
赤一色、美人ぞろい。印象的だ！

モンテネグロ　©rbbtoday.com

109

オーストラリア © サンスポ

11
オーストラリア
この緑の色調でユニフォームも統一した、田舎臭くもあるが乾杯！

Great Britain

英国 ©BBC

12
英国
流石紳士・淑女のお国柄だけあって白の絞ったパンツとパンタロンと紺のジャケットは品がある。

13
ケニヤ
赤を主体にした民族服が目に染みるほど美しい。

ケニヤ　©nhk.or.jp

2. ユニフォームにて

1
**アルマーニの
イタリア・ファッション**

©buyma.com

2
**イタリアの
新体操のユニフォームの数々**
イタリアは銅メダル。このコス
チュームはまさに＜蝶々夫人＞を
イメージする、イタリアの日本へ
の熱いまなざしを感じるのだ！

©Getty Images

113

©newsweek、RALPH LAUREN

3
アメリカのラルフ・ローレン。いいね、スカッとして。

4
英国のこのニットの素晴らしさ

シンクロ 10m 高飛び込みでマティ・リー選手と金メダルと 10m 高飛び込みで銅メダルのトーマス・デーリー選手は同性婚のゲイであり、子供もいると。編み物が趣味のこの選手は
https://www.youtube.com/watch?v=3Xu_8prLWdc　五輪でも編み物によって集中力を高めるらしい。

©Getty Images　©HUDSON'S BAY 公式 Instagram

カナダ

4 このジーンズ生地、素晴らしいカナダのデザイン...

©news.golfdigest.co.jp

© 日刊スポーツ

6
ゴルフ女子の金メダリストのネリー・コルダー
服装のセンスの良さ。フェイ・ダナウエーに似た若きエース。すらっとした長身にどこにこれだけのパワーと精神力と勝負強さが宿るのか？と　姉妹で出場した。特別写真は数枚アップする。

©lpga.or.jp

7

ドイツの体操チーム。

ユニフォームについての女性への＜性的対象＞視線に抗議してのユニタルド！意に反して、さらにセックス・アピールがアップしたね！

8
フランスの垢抜けたル・コックス・スポルティフだろうユニフォーム。

フランス ©cyclestyle.net

9
チェコの民族風
のどかな雰囲気だ！

©forbes.com

10
英国の各種

お洒落は美徳だ。お洒落に興味ない人や余念のない人に近代で生きることは無理だ。そんな輩はタイムトンネルに乗って古代に帰れ！

3.
髪や
爪のカラーリング

©switch-news.com

1
爪のおしゃれ　（アメリカ新体操　Sunisa Lee 選手）

©Getty Images

ジャマイカの旗手シェリー・アン・フレイザー＝プライス

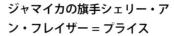

2
髪の毛とユニフォームのマッチング
（ジャマイカ陸上の
　Shelly-Ann Fraser-Pryce 選手）

©forbes.com

3
4色カラーの髪の毛とユニフォームの見事なマッチング
（カナダ陸上　Gabriela DeBues Stafford 選手）

©usmagazine.com

121

©usmagazine.com

4
紫の綺麗な髪の毛（アメリカのサッカー、Megan Rapinoe 選手）

チームアメリカの
メーガン・ラピノエ

チームトルコの
エブラル・カラクルト

チームケニヤの
陸上団体競技の選手たち

第4章
五輪の意義の変遷

東京五輪に見た＜五輪の意義の変遷＞とは
まさに井上康生監督の世界だ！

〜僕たちにこれほど感動を与えた種目は日本発祥の柔道だった。9個の金メダル獲得というよりも、指導者として、また教育者としての人間井上の結晶が、メダルの有無を超越した各々選手たちの品格と美学あふれる人間そのものの姿なのだ〜

　僕がまだニューヨークにいたころだったか、2000年（平成12年）頃に、シドニーオリンピックの男子100kg級で金メダルに輝いた井上康生氏は、その一年前クモ膜下出血で急死した母の遺影を持って表彰台に立ち、世間では大きな感動を呼んだ。

　僕は、その親孝行ぶりを否定するものではなかったが、僕の感覚から言えば、いわば母の死や井上とその母との関係は、公のものでもなく、自分の感情（emotion）の問題であり、だとすれば、わざわざ公衆の面前で＜私はこんな親孝行者です＞と宣伝するような、悪く言えば世によくある偽善者に見えたものだった。

　だから井上をあまり評価せずに、逆に彼が2012年ロンドン大会の惨敗の責任を取ってやめた篠原監督の後を引き継いで代表監督となったときは、そんな期待のイメージでもなく何の興味もなかったのも事実である。

　柔道家の山口香氏とは、僕は直々に知り合う機会があり、彼女の五輪メダリストであり評論家として辛口のコメントを高く評

遺影を掲げる井上康生選手
© 日本経済新聞

価していたが、その後、女性の中で、僕が人間として最も尊敬する一人として活躍され、JOC理事、筑波大学教授としてスポーツ学を教える存在となり現在に至っている。

その山口香氏が、僕の質問に対して（僕の井上氏に対するイメージが必ずしも良くないことを踏まえて）即座に柔道界の立て直しに、＜必ずや井上康生氏が成功し、日本の柔道は、世界に再臨するだろう＞と明確に述べられ、僕が尊敬してやまない山口氏だから、それは正しいだろうと信じ、その後の柔道の強さの復活から期待をもって北京・リオ五輪を経て、本当に井上監督の人間力の凄さを実感した。まさにこの東京五輪で見事に開花しすぎるほど美しく満開したのである。

2000年の「オリンピックでメダルを取ることを一番楽しみにしていたのが母親、表彰台の一番高い位置にその母親の遺影を持って立ちたい」。当時それを必ずしも真っ直ぐに受け取らなかった僕だが、いま思うと人間の情念、それは親孝行、兄妹愛、家族への愛、そんな身の回りへの愛をもとに、自分の世界、井上氏の場合柔道の仲間達・弟子たちへの愛、それはまさに＜感情で結ばれる世界 United by Emotion ＞東京五輪標語の世界だろうか？それを実現したのだと言えるかもしれない！

井上氏を知ろうと思えば、選手たちの立ち居振るまい（behavior）を見れば良い。大きな人間愛をもったこの井上氏がいつも敗者に対してのいたわりがあるのは、アテネ五輪で二連覇を狙った自分がまさかの舞台でノー・メダルで敗退した苦い経験があるからだろう。

そんな選手たちの緊張や虚しさを自分で経験した男の励ましと優しさは、時には人前構わず、号泣するほど露わにするので、指導下にある選手達は、ここまで自分を思ってくれる監督の支えを常に自分の研磨のための心の糧とすることができるのだ。

今回も残念だった敗者（メダルなし）あるいはメダルの色にこだわる敗者が存在した。しかし、それぞれその悔しさと虚しさが僕の心に響くのは、実はその思いが、井上教育にある厳しい中での人間の優しさという支えがあるからであり、その悔しさは持ち耐えられ、メダルの色は再度挑戦への励ましとなっているのは良く理解できるのだ。そんな意味で女子の渡名喜、芳田、田代など、再度前向きに、パリへの挑戦をするのだろう。

　今回、特に僕が印象を受けたのは、90キロ級に出場した向翔一郎（25）が3回戦で敗退しメダルを逃したときだ。この向選手の＜敗戦の将語らず＞の態度は、それを語った時のあの言葉＜記者からあれは巴投げに、もっていくところを、取られましたね？＞に対して堂々と＜審判が勝敗を決めるのだから僕がそういう意図があってもそれが、審判に伝わっていないことは僕の方が悪いのであって、だから負けたのです＞と一切弁解をしないあの立派な態度には僕は惚れ込んだ。男には男らしい（イケメンと無関係の）潔さと勇気ある＜ナイス・ガイ＞との褒め言葉があるが、彼の態度はそのものだったのだ！

　その後、新聞などで知ったのだが、井上監督は、個別戦でノー・メダルになった向選手に対して『必ずお前に団体で金メダルを獲ら

向翔一郎選手　© 朝日新聞社

せて帰らせる』と伝えたそうだ。そして記者の前で号泣したと。団体戦はその中で誰が出るかは監督次第だ。

　その中で向選手を負け組なのに選んだ井上はある意味でリスクを犯している、つまり普通は昇龍の勝ち組（金メダル組）の選手を優先的に選ぶのが勝負師の常道だ！しかし井上にはそういう打算はない。結局、混合団体戦はフランスの後塵を拝し銀に終わったものの、準々決勝で向は銀メダリストに勝利し、準決勝も勝ってチームに貢献した。

　あの準決勝のロシア戦で戦ったミハイル・イゴルニコフとの試合はイゴルニコフの左手が審判の死角を利用して向の目を執拗に狙う、向選手は冷静・沈着に対処し、3回の指導を受けた相手に反則勝ちした。落ち着いて対応した向選手を、褒め称える声、普通なら抗議すべきなのに、井上もここが日本精神で抗議もしない。

　向の紳士道は、抗議とか怒りとかを表さない人間の醜悪さを醜悪で返さない、五輪を弁えた人間としての抑制、という勝利であることがわかる立派な場面だった。イエス・キリストが人類の理想として描いた世界のごとく耐え抜いた向選手、まさに日頃の井上監督の教育の成果であり、それを汲み取り、正当な抗議とは言え、日本人美学を学んだ向選手が醜悪でみっともない姿を五輪で絶対に晒してはならないという井上監督の鑑が輝いたのだ！

　井上監督の負けた相手への同情と激励はその監督期間に無数にあり、弟子たちの人望を集めた。「負けた選手にあれほど親身になれる監督がいたでしょうか」。井上は監督を辞任する決意は堅いというが、果たして井上に代わる人物（現時点で鈴木桂治に決定）がいるだろうか？

東京五輪に見た＜五輪の意義の変遷＞　その2

～メダル獲得の目標（金銀銅）は各選手の夢と野望はあっても、秘密主義とか謀略という汚い手ではなく戦いの目標に敵であろうと見方であろうと、一緒になって考え参加するアンガジュマン、お互いの成功を祝福し、失敗を励ます、新しい次元の競争に感銘した～

　若い世代の新しい種目、たとえばスポーツ・クライミング、さらにスケート・ボード科目など自分の技を競い合う競技にみんなで知恵を出し合いそれを競いその成功を祝福するという、とても未来志向の要素が顕著にあった。同じ国のライバル同士、異なる国の競争同士、特に若い世代にその傾向がこれこそ＜新しい五輪の価値というか、新しい競争社会の未来への人間社会への信頼と希望＞と言うものが！

　たとえばスポーツ・クライミング、ボルタリングという、まあどこから登って良いのか、プロたちも、最初はさっぱりピンとこない。それは決められた時間に一堂に幕開けされるのだが、みんなでああでもないこうでもないと語り合う姿って、これが競争競技かと思う

ボルタリング　© 朝日新聞社

ほど、和気藹々のとても敵を陥れるなど考えられない姿があった。そして成功者を讃え、悔しい失敗者へは慰めが、そして素直に抱き合い讃え慰める姿。

　これはあの小学校で手を繋いでゴールする結果＜悪平等＞とは異なる世界だ。何か皆で知恵を出し合い、その上で競争しようとする談合的な良さかもしれないが、あくまでも結果メダルを取ったものが、結果勝利者として一番の成功者だと言う前提がしっかりあるので、結果はどうでもいいじゃないかと言う、キリスト教的悪平等の馴れ合いは一切ないことを留意すべきである！

　そんなスポーツは年齢が20歳以下12歳くらいまでが競走するスケート・ボード（スケボ）のストリートやパーク、自転車BMXなどアクロバットと言えるほどの危険で技術を要する種目である。特に中学入りたての少女が五輪の夢を見て登場し堂々とメダルを獲得する姿、あどけなさがとても可愛いのだ。

　あのスケボーで金銀と四位の日本チーム。銅は宮崎県出身の日本人の母をもつ英国国籍、なんと四位まで日本人の血が……そしてその他ブラジルやいろんな国の若い世代と、子供達の、＜これは夢か、まぼろしか？＞のような屈託ない励まし、褒めあい、失敗したら一斉に慰めのために飛び出していたわる姿、見ていて本当に素晴らしい世界だと感心した。

　人間は大人になる程、汚れてくる。それは世間に揉まれ、防衛本能的にも狡猾になりエゴイストになっていく。この子供たちには、それはない、＜えへん！うまくやったでしょ？うまいねえ！ほんとによかった

西矢椛選手　© 日刊スポーツ

ね！＞など何かキリスト教の＜神の国＞にいるような世界だ。

　でもキリスト教のような、負け犬的な羊の世界ではなく、決して無競争な世界ではなく、すべてその道のプロ同士の公明正大な美しい競い合いがそこにある。こんなメルヘンのような世界を誰が五輪に期待しただろうか？まさに、これも五輪の意義の変遷なのだ！

　ストリートの13歳、西矢椛さんの金メダル、中山 楓奈さん銅メダル、パークの四十住さくらさん金メダル、開心那さん銀メダル、英国宮崎県出身のブラウンさん銅メダル、最後最高の演技かと思いきや、最後のところで失敗した岡本碧優さんの四位（彼女の転倒場面に一斉に駆けつけ慰める仲間たちの美しい姿が印象的だった）。

　これは、何か僕たちに彼女らが新しい時代の競争とは何か？を教えてくれているような気がしたのだ！それは資本主義の競争でもないキリスト教の結果平等主義でも断じてない世界だ！
＜メルヘンの中の競い合う、美しい若者の世界＞とでも表現するか！

　最後に、僕は Enfant Terrible というフランスのジャン・コクトーの原作と映画で表現した＜アンファン・テリーブル＞は、悪い意味での悪魔的な子供を意味したが、五輪の子供たちはアクロバット的天才技術として恐るべき技術としての＜アンファン・テリーブル＞という意味で五輪観戦記で使ったこと、子供たちの世界は驚くべき新しさと勇気があるという意味だ。

五輪の意義の変遷　その3

池江璃花子に見る。「希望が遠くに輝いているからこそ、どんなにつらくても前を向いて頑張れる。１年後の今日、この場所で、希望の炎が輝いていてほしい」

池江璃花子選手 © スポニチ

前に進む力になっています。

「TOKYO 2020」

　今日、ここから始まる1年を単なる1年の延期ではなく、「プラス1」と考える。

　それはとても、未来志向で前向きな考え方だと思いました。

もちろん、世の中がこんな大変な時期に、スポーツの話をすること自体、否定的な声があることもよく分かります。

　ただ一方で思うのは、逆境からはい上がっていく時には、どうしても、希望の力が必要だということです。

　希望が遠くに輝いているからこそ、どんなにつらくても、前を向いて頑張れる。

・・・・・・・・・・・

　池江璃花子さん、2000年7月4日生まれは、天賦の才能をもった水泳（自由形とバタフライ）アスリートであり、中学生時代から期待されていた。リオ五輪には参加したが、メダルに届かず、東京五

池江璃花子選手 © デイリース

輪を楽しみに練習を励む努力家だったが、2019 年 1 月天は無慈悲に
も白血病という難病を彼女に与えたのだった。

　その難病を異例の速さで克服し、延期された東京五輪に参加する
チケットを、最後のチャンスに獲得できたことは、当時日本国民に
感動と涙をあたえ、心より池江さんに祝福とその勇気を讃えかつ五
輪の活躍に期待したのであった。

　そして、7 月 24 日、晴れの舞台で競泳女子 400 メートルリレーに、
五十嵐千尋、酒井夏海、大本里佳と出場したが（池江は第 2 泳者）、
チームは決勝進出に 0 秒 27 届かなかった。また 7 月 29 日には混合
400m メドレーリレー予選に小西杏奈、佐藤翔馬、松元克央ととも
に出場し、アンカー（自由形）を務め、日本は 3 分 44 秒 15 で全体
の 9 位だった。8 月 1 日の競泳女子 400m メドレーリレーには五十
嵐千尋、渡部香生子、小西杏奈と出場して決勝に進出し記録 3 分 58
秒 12 で 8 位だった。

　メダルには届かなかったが、彼女が試合後号泣した姿には、自ら
克服した難病を超えて五輪に参加できた天への感謝と、それ以上に
仲間達や周囲の人々への感謝の喜びでもあった。実に美しい人間の
姿で日本国民を感動させたのは確かだ。

　さて、五輪は＜参加することに意義がある＞などと、メダルを取
れない国々やその選手に対して労りと慰めの言葉として存在する。
それは、まさに、僕に言わせれば、あまりにも＜敗北主義だ＞。

　1908 年五輪ロンドン大会の陸上協議で米英の選手がなりふり構わ
ずメダル獲得争いに走ったときに、当時の IOC 会長クーベルタンが
それを諫めるために言った言葉であり、それが敗北主義を経て、い
まやこの言葉は存在する意義もない。むしろ、もっともっと五輪の
レベルを切磋琢磨してアップし、超一級の技を競うあうことこそ五

輪の将来ではないだろうか？

　この点、国家中心の五輪か、もっと水平的で、脱国境の広がりの
ある世界の集まりであるべきなのか、この本を書きながら考察して
いるのだ！

五輪の意義の変遷　その4

〜女子バスケットボールを観戦して、その団体種目に見る未来の五
輪の姿〜
〜五輪は国威発揚ではない！五輪は同じ釜の飯を食べて訓練に耐え
最高のゲームを目指した有志の汗と涙の結晶であり、同じ社会とし
ての国の家族愛・同胞愛なのだ！〜

　ここでいう団体種目とは個人的技能種目（体操競技や陸上・水泳
の個人種目）や個人格闘技を除く、いわゆる複数の選手からなる二
つのチームが得点を競い合う種目である。それはサッカー、ラグビー、
ホッケー、水球、バレーボール、バスケットボール、野球などがある。
だから柔道やフェンシングの団体戦とか体操の団体戦とか個人が単
位となって集計としての点数争いとは異なる性格のものである。

　この種目は全てチーム力が物をいうものであり、個人技は基本に
なるがそこからシナジーとしてどれだけ発揮できるかは日頃のチー
ム全体の鍛錬が勝負の鍵となる。勝利した時の喜びは、個人種目と
異なり、高揚感と充実感は、団体競技をやっているものしかわから
ない醍醐味があり、これは個人競技と異質なものである。

　人間それぞれどちらが向いているか、あるいはどちらかを選択し
た結果として、その人間の個人力としてのそれか、団体としてのチー
ム力か、人間の性格もそれによって影響を受けるだろう。

成果を自分の力、自分の努力の故と思い幸福感に浸れるタイプと、みんなで頑張って勝利したという高揚感のほうが嬉しいと感じるタイプなど、人それぞれだろう。

　五輪の歴史を見ると、それぞれ国ごとから選手がえらばれるということもあり、かつては、いやいまでもファッショ国家においては、国威発揚が最高の価値としてある。ヒトラー五輪のベルリン大会、北京大会などがその典型だが、戦争中に中止になった東京大会などもこの流れにある。

　さらに後進国に限って、五輪の意義を＜お国のために戦った＞その勝利だとメダル獲得が国家の名誉につながるなどと、思う国がいまだに多くあり、まさに自らの民度の低さで嘲笑の的となるのが、現代多く見られる。まさに国威の発揚＝その国の民度の低さであると断言できるのだ！

　チャイナの選手が毛沢東バッジをつけ、悲壮なる思いで五輪に出場し、負けるや否や、チャイナから罵倒の書き込みがネットに殺到するなど、国をあげて五輪を戦う姿は見苦しくかつアナクロでしかない。

　日本も当然そういう時期があった。今回この疫病の中での五輪、もちろん民族の血は騒いで自国民を応援するのが自然な健全な国民の姿であり、それを非難するつもりは皆無だが、それは決して国威発揚とはいえないというのが僕の主張だ。僕など同じ日本人だから応援するが、それはチャイナなどのファッショ国家とは全く異なる思考の次元だ。

　女子ソフトボールに勝利した金メダル、嬉しいのは、かって金メ

ダルをとってから、この科目が種目から外され12年ぶりの勝利に輝いた、しかもパリからまた消える。しかも役者が同じ投手として活躍した個人名があるから、その同胞としての人間に対しての＜よかった＞という気持ちでしかない。

　僕はグローバリズムなるあまっちょろい＜ボーダーレス、国境をなくしましましょう＞なる少女の夢で語っているのではない、国家があって個人の生活がある、リアリズム（realism）の世界において、同じ民族の選手を応援するのは、なにも国家主義でも国威発揚でもない、単に家族愛の延長だということだ。

　最も危険なのはヒトラーのゲルマン民族の優生遺伝子を讃えるための五輪だったり、共産主義という虚構の下で域内の他民族洗浄のかたわらで空虚な綺麗事を奏でて、メダル数に酔いしれるどこかの国とは全くことなるものだ。

　ソ連が今回、ドーピングの罰として国家チームを禁じられ、その

バスケットボール女子　©読売新聞社

代わり有志としてのロシア五輪委員会なるチームで国歌のかわりにチャイコフスキー・ピアノコンチェルト２番を奏でたが、ある意味では皮肉にもロシア人のチームとして、国威発揚にならず、ロシア民族というある意味での家族的な集まりとして自然体で戦ったのではないかと思われる（もちろんこの中にはロシア民族以外の少数民族の姿もあったが）。

　全体主義から一皮剥けたロシア民族集団ということだ。かつて、1980年のソ連のブレジネフの五輪当時アメリカのカーター大統領がアフガニスタン侵略を理由としてボイコットし日本を含む西欧諸国が一斉にボイコットした当時を思い出す。

　ゴリゴリの共産ファッショ国家としての五輪だった。なんと今回のロシアの集団は自由闊達だったろうか！

　難民グループも何か世界のテロや残虐指導者に怒りを込める意味で平和の祭典としてふさわしかったかもしれない。さらにチャイナの香港への弾圧事件もあり、チャイナの軍事的示威活動の下自由と平和を愛する台湾のイメージは世界に感動を与えたのではないかだろうか？

　さて思えば団体戦の熱狂は、その指導者の手腕が試され、日本チームもよく戦った。女子ソフトボールは上述の通りだが、男女サッカーなど頑張った。なによりもの殊勲賞は銀メダルの女子バスケットだ。一部にこの結果を予想したものもいたが、この検討ぶりは僕をテレビに釘付けにした。

　無敵の王者アメリカとのバスケットボール決勝で、日本75－90米国（2021年8月8日　さいたまスーパーアリーナ）で負けたが銀メダル。過去最高成績だった1976年モントリオール五輪の5位を上回り、男女を通じて初の表彰台。96年アトランタ大会から連覇している米国相手に最後まで奮闘した。

チームのこの決勝戦を予告した 2017 年にアメリカから雇った監督トム・ホーバス監督は「きょうは最初からうちのリズムでできなかった。でも最後までよく頑張ったと思う」とうなずいた。17 年に就任し、緻密な戦術とスピードを生かしたスタイルを構築してきた。「みんな長い間頑張ってくれて、選手たちに本当に感謝します。日本のバスケットは新しい時代になったかなと。これからもっともっとこういう結果を出すかなと思います。スタートになった」と話していた。日本チームはアメリカの選手なども数人おり、監督もアメリカ人の元プロバスケット選手だ。だからある意味で日本の民族チームと言い難い側面がある。でも見ていてわずか１６０センチしかない日本人女子が跳ね回り頑張る様子に魅了される、日本人として嬉しい快挙であり、それは国威発揚とは異なる素晴らしさでもあった。五輪の意義の将来を占う出来事であった。

　選手たちも、どんな団体戦でも勝利して身内や家族と喜ぶいわば個人主義的なものであり、個人技で勝利する個人プレーと同種のもので、同じ民族である見ている方も、別に日本の国家を意識せずにいわば民族の家族としてよかったなと祝福しているのである。
　メダルの数は、たしかに金メダルの獲得は自国民であればあるほど嬉しいものだ。しかし、それはヒトラーやシトラーのように国家の栄誉だというのはアナクロに過ぎない。五輪はむしろ選手と家族とそれを育てた社会の勝利なのであって、国威発揚とはまったく異質のものだ。
　同じ血をわかちあう民族の選手ががんばる、ときには他民族が色んな意味でそれに参加して力を貸してくれる、そして成功する。だれが日本人としてこの快挙を共有しない日本人はいないだろう。それこそ自然体の五輪の姿なのだ！

＜五輪の意義の変遷＞その5
＜多様性と調和＞が五輪の理念だと？！

＜多様性と調和＞という言葉こそ最も逆差別の自由主義の表現の自由を抑圧する最低の偽善の言葉であり、予想通り五輪にまでその欺瞞性を発揮しているのだ。綺麗事の造語にはつねに警戒心を持つことをお勧めする。つまり多様性とか調和はいかにも表面は誰もが反対しようのない、多様性には寛容が、調和には尊重という意味合いの偽善の衣の鎧があるのだ。

　絶対的自由主義とは人間社会で最も崇高な権利だと僕は考えており、言いたいことを言う権利、その中には個人の趣味とか好悪の感情の自由がなければならない。

　にもかかわらず世のマイノリティは、その特殊性たとえば、同性愛とかトランス・ジェンダーなるマイノリティの権利を主張するあまり、それを歴史的にも感覚的にも容認できない普通の人間の普通の好悪の情に侵入し、嫌いなものを好きと言え、嫌いなものを嫌いという権利はないと、逆手にとってマジョリティの benign neglect の権利の領域を否定するのは現代の世界の倒錯した権利として紊乱しているのだ！断固反対だ！

　嫌いなものを嫌いと言えなくなるというのは、まさにファシズム独裁政権や共産主義と変わらない。嫌いなものは嫌いと表現できない社会には生きる価値もない。例えば男女関係でも女性の容姿が気に入らないと交際を断るや否やそれは差別だと女性側が男性を告訴した場合、好悪の情が許されなければ一方的に男性は有罪となる。

　そんなバカな社会はないだろうが！！美人コンテストも将来なくなるだろう。美人という言葉も差別語となるだろう。美しいという美的判断も全て統制下に行われ、恋愛などは許されない、つまり好

悪の情から異性を選ぶことを差別ということで取り締まるからだ。

　まさに最低の社会へ我々は一見綺麗事の＜多様性と調和＞という言葉に含まれる必殺の毒素で一気に人間社会を崩壊させる暗黒社会に突入しつつあるのだ！

　まずそんな問題意識をまず持っていただいた上で議論したいのだ。そのそも五輪憲章はその5章にて「広告、デモンストレーション、宣伝」という項目の中で「オリンピックの開催場所、会場、他のオリンピック・エリアにおいて、いかなる種類の示威行動または、政治的、宗教的、人種的な宣伝行動も認められない」とある。

　近代五輪の最初から、五輪から政治性を排除する基本理念があった。しかしその後ベルリン大会をヒトラーがアーリア民族の優生遺伝を宣伝したドイツ国威の高揚にて悪用した。共産主義諸国がいまだにこのグロテスクな国威というものを利用しているのは、この東京五輪でも繰り返された。

　ご承知かどうかしらないが、五輪憲章にはメダル争いを精神として禁じることも謳っており、五輪が政治の場に化することを当初から抑えてきたのだ。同様、世界にはオカルト宗教を含め無数の宗教やオカルト集団がある、これらに一切五輪を利用させないことは当然のことである。さらに人種問題に介入することも避けたのも賢明

な知恵であった。

　ところが前段で述べたように近年、少数者のマイノリティの権利が五輪の場を悪用することで極めて五輪精神に反する事態となっている。

　イギリスの女子サッカー選手が、黒人差別反対のジェスチャーと取ったと思えば、日本の女子まで同じスタイルで真似をしたのも写真の通り。さらにトランス・ジェンダーの権利を叫ぶ陸上競技の金メダリストの大袈裟な交差点を意味するＸのジェスチャー、マイノリティの権利を認める国もあれば絶対に認めない国もある。宗教上の問題もあるのだろう。

　そんなことを、ある＜自称先進国と自惚れる国民＞が一方的に主張する場が五輪ならそもそも、世界の異文化が集まる場としての五輪の基本が失われるのだ。とにかく政治・宗教の問題は話し合いで解決する問題でもない、よってこれらを五輪の選手が自分の立場だけから判断して叫ぶことは全く滑稽と言えるのだ。

　だからこそ、この問題にふれずにおこうという先人の知恵だったのだ。それは現在でも通用するはずだ！たとえばイスラム教は西欧の思想からみれば、まさに男女差別はけしからんと言えるかもしれないが、現実にその社会はその宗教で固まっているわけで、唯我独尊のキリスト教思想（それも現代のキリスト教　偽善と欺瞞の道徳観念）を主張されてもＳＯ　ＷＨＡＴ？（それで何なの？）でしかない。だからこそスポーツの世界ではこの三つの要素は触れずにおこうとしたのであり、これは今でも通用すべきだ！

　そんな中で五輪に形を変えて＜多様性と調和＞などとまさに偽善と欺瞞によって、自由主義を弾圧する動きがでてきたことに注意せねばならない。

こんな中で、見るからに男性が女性として今回五輪で<ご活躍される>する風景も垣間見た。まさにこのマイノリティの権利として我が物顔に五輪を悪用し、五輪の高邁な精神を矮小化することになってしまう。

　いまこそ五輪から<政治性、宗教性、人種問題>を排除して、これらの問題に一切触れずスポーツとして<より早く、より高く、より強く>種目を競おうではないか？それこそが五輪に与えられた現代的価値であり近代五輪からの趣旨であるはずだ。

五輪の意義の変遷　6
近代五輪の精神を歪めたのは誰なんだ？

～家族愛に満ちた三つの五輪金メダルの出来事は、五輪が極めて家族愛に満ちた個人の奮闘の結晶だと感動した場面だったが……～

　このシリーズで描きたかった家族の愛、一番手は柔道の阿部兄妹の同日の二つの金メダル獲得。先に妹の詩さんが決勝で勝ち、兄の出番をまって兄が勝たないとのインタビューで話、競技場の後ろの方で心配そうに見ている姿。そして兄の勝利で万歳と手を大きくあげる詩さんの喜びの涙は兄妹ってこんなに素晴らしいものだということを象徴的に伝える素晴らしい場面だった。

　次は女子ボクシングで初めての金メダル入江聖奈選手、天真爛漫で飾り気のない開けっ広げな性格は好感をもてる彼女にはその家族の光景が、家族愛として強く感じられた。鳥取県米子出身の彼女はボクシングを始めたきっかけは小学2年生で読んだマンガ「がんばれ元気」。小学4年生のときにはボクシング世界一を夢見ていた。

　座右の銘が『能ある鷹は爪を隠す』。趣味はカエル鑑賞という。練

姉妹で金メダル　©産経新聞社

習がオフの日は近くの公園の池にカエルやオタマジャクシを探しにいく。オタマジャクシを見ると、「懸命に泳ぐ姿に励まされるんです」と説明する。彼女は引退するらしいが、芸能界は彼女のノリを高く評価して目をつけているらしい。アッケラカンの性格だろう。

　三番手には、レスリング女子57キロ級決勝で川井梨紗子が金メダル、63キロ級を制した2016年リオデジャネイロ五輪に続いて2連覇を成し遂げた。前日に62キロ級で優勝した妹友香子と誓った「姉妹で金メダル」の夢をかなえた。

　石川県の両親もレスリング選手であるまさにレスリング一家の快挙だった。この試合も姉の決勝戦、心配そうにスタンドから見守る妹の姿、それを時々見つめる姉の視線、兄妹愛を強く感じる名場面だった。

　さて五輪の意義について、色々勉強不足で、今回の東京五輪を「引きこもり」にて五輪をみて感動したのは僕だが、そしてこのシリーズを描くにあたって、＜五輪の意義の変遷＞などと大上段に構えたが、なんと僕がこの間、感じながら考えたのは、他でもない近代五輪の原点だったのだ！

　五輪憲章を読んだこともない僕が今回五輪を観て感傷的に、国家を超えた若者の和気藹々の姿、家族愛に満ちた選手の五輪に勝利することのモチベーション、五輪で敗北した悔しさは、国民としての屈辱あるいは申し訳なさなどとは程遠いもので、自分に対する苛立

たしさと怒り、自分の野望が満たされなかった悔しさ、そこに天に見放された虚しさ、一瞬のミスが夢をぶち壊す運命の冷酷さなどであり、これこそ五輪の姿だなと思ったのは事実だ。

そこでいかに現代五輪が商業主義や大国の玩具とされ、まさにヒトラー五輪から北京五輪へのある意味で国家中心主義が根付いて離れない宿命、しかも考えてみればメダル獲得数にこだわるマスコミの姿をみても、五輪は個人でなく国家だということがいまだにあるように思えたが、そのなかで微笑ましくしたのは、メダル獲得者がメダルをもらってまさにその達成感で自分を祝福する姿とともに、自分の愛する家族や友人や先生への感謝などが表れて、とても個人主義的な世界こそが全てかな、＜五輪の変遷はここにあり＞と見たのが僕の間違いだったことが、五輪憲章を読んでわかった。

五輪憲章は「オリンピック競技大会は、個人種目または団体種目での選手間の競争であり、国家間の競争ではない」と規定している。国と国との戦いを超え、ナショナリズムを超える思想がオリンピズム（五輪精神）である。

マスコミは各国の五輪メダルのリストにこだわる。そして毎日日本が、どこまでメダルを取ったかにこだわる報道が多い。新聞にもちゃんとリストがでている。日本の一般人は五輪は国別メダル数を競う大会であると思い込んでいるのだ。

確かに各種目にある世界選手権やワールドカップなどみると、五輪ならではのお祭り性は国家中心主義かなと錯覚するのである。国家のためでなければ五輪は意味がないとまで、特に保守層が考えているのも日本では顕著だ！お国のために頑張ったという、まさに日本の前近代的思想がいまだに跳梁跋扈しているのだ。

五輪憲章第57条には「IOCとOCOG（組織委）は国ごとの世界ランキングを作成してはならない」メダル数リストの作成を明確に禁じている。

　五輪開催の意義は究極的にスポーツで世界平和を構築することにある。政治、宗教、人種、性別、性的指向性などあらゆる垣根を越えて、世界の若人が集まる場を4年に1度設け、国を超えた友情と連帯を図るのが五輪の趣旨なのである。

　そう考えると、僕が今回、東京五輪で感動した個人個人の美しいスポーツマンシップなど、その個人主義的要素と各国とのこだわりのない若者らしいフェアーなプレイと祝福、それこそが実は近代五輪の原点であり、ねじ曲げたのは、五輪を国威高揚に悪用した共産主義や全体主義国家であり、いまだに五輪を履き違えている一握りの独裁国家であることがよくわかる。さらに＜組織は必ずや腐敗する＞の例外にはならない五輪組織こそが癌なのだろう。

　まさに偽善と欺瞞がこの近代五輪の原点たる精神をないがしろにし、不正と腐敗に満ちた、一部のどっかの独裁国家の僕（しもべ）として、ジキルとハイドのごとく平和の特使のような面をして、ノーベル平和賞を狙ってジェスチュアしている輩がいるとすれば、若者の世界の平和への夢を踏みにじる極めて由々しい姿といえる。

五輪の意義の変遷　その7

　日本で初めて女子が金メダルを獲得したベルリン大会：前畑選手の場合。

　ヒトラーがそのアーリア人種の優越性を誇示し、ナチスドイツの国威を高々と掲げるために、まさに五輪＝政治目的を目指したのが1936年のベルリン大会であった。まさに演出にはゲッペルスと天才

女流映画監督レニ・リーフェンシュタールがヒトラーの命を受けて行い、映画も歴史的な記録映画の傑作『オリンピア』として残した。この映画については本稿の「その8」で書こうと思う。

　前畑秀子(1914-1995)は1932年ロスアンジェルス大会で200メートルの平泳ぎで堂々銀メダルを獲得した。金メダルは豪州のクレア・デニスで、前畑とわずか0．1秒、東京市長の永田秀次郎が「なぜ君は金メダルを獲らなかったのか。0.1秒差ではないか。無念でたまらない」と、当時のまだ個人主義など確立されていない日本では五輪は国家代表だとする偏見に満ちたように、日本の典型的言葉として涙を流したという。そんな国民的期待に応えて、すでに引退を決めていた前畑は現役続行を決意して、毎日2万メートルを泳ぎ切る猛練習を重ねついに1933年200メートルの世界新記録を更新した。

　3年後の1936年（昭和11年）、ドイツで開かれたいわばヒトラーの五輪とも言えるベルリン・オリンピックの200m平泳ぎに出場し、地元ドイツのマルタ・ゲネンゲルとデッドヒートを繰り広げて、1秒差で勝利する。まさに日本人女性として五輪史上初めての金メダルを獲得した。

　この試合をラジオ中継で実況したNHKの河西三省アナウンサーは、中継開始予定時刻の午前0時を過ぎたために「スイッチを切らないでください」の言葉から実況放送を始めた。当時の国民の五輪に賭ける熱狂ぶりとそれに応える河西アナの興奮が露骨に伝わるのでそのまま文字で再現すると：

「あと25、あと25、あと25。わずかにリード、わずかにリード。わずかにリード。前畑、前畑頑張れ、頑張れ、頑張れ。ゲネンゲルが出てきます。ゲネンゲルが出ています。頑張れ、頑張れ、頑張れ頑

マルタ・ゲネンゲル ©wikipedia

張れ。頑張れ、頑張れ、頑張れ頑張れ。前畑、前畑リード、前畑リード、
前畑リードしております。前畑リード、前畑頑張れ、前畑頑張れ、前、
前っ、リード、リード。あと 5 メーター、あと 5 メーター、あと 5 メー
ター、5 メーター、5 メーター、前っ、前畑リード。勝った勝った勝っ
た、勝った勝った。勝った。前畑勝った、勝った勝った、勝った。勝っ
た勝った。前畑勝った、前畑勝った。前畑勝った。前畑勝ちました。
前畑勝ちました。前畑勝ちました。前畑勝ちました。前畑勝ちました。
前畑の優勝です。前畑優勝です」

　これこそが五輪を国家の栄誉・名誉と考えた政治的五輪の姿の典
型である。当時、11 月日独防共同盟の直前だったから、ドイツの対
日感情は悪くないはずだ、だから僅差の差でもブーイングや敵対感
情もなかったと推察される。そんな金と銀獲得同士が、戦後面会し
たのは 1977 年という。

『二人の独女性メダリストの涙　2018 年 1 月』という記事がある。

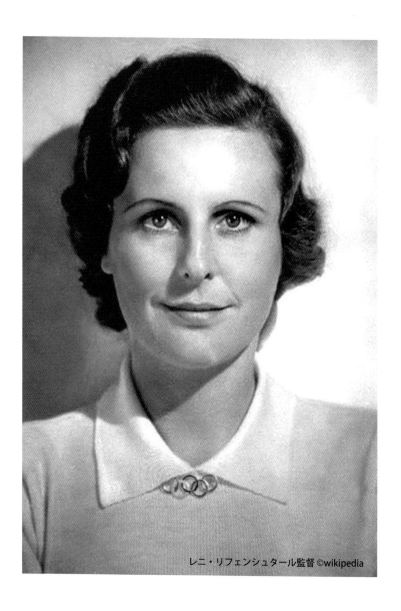

レニ・リフェンシュタール監督©wikipedia

元毎日新聞の記者である岸本卓也さんが書いたもので、それを読むと前畑さんが 95 年に 80 歳で亡くなったが、岸本氏は前畑さんに決勝で敗れた銀メダリストのマルタ・ゲネンゲルさんにインタビューを行ったという。

　ゲネンゲルさんは当時 84 歳で、ケルン近郊で家族と共に穏やかに暮らしていた。ライバルの前畑さんに負けたが、77 年に二人はベルリンで再会し、50㍍を一緒に泳ぎ、友情を育んだ。それだけに前畑さんが亡くなったことを告げると、落胆の表情を隠さなかったという。

　戦争の時代を生きたドイツ人にヒトラーやナチスについて意見を求めることは気が引けるが、あえてゲネンゲルさんにヒトラーについての思い出を聞いた。ゲルマン民族が最も優秀な民族であることを五輪で証明したいヒトラーは出場するドイツ選手の壮行会で一人一人に握手して激励したという。

　ゲネンゲルさんは苦しい表情で「壮行会で優しく手を握られた。あのころはひどいことをする人には思えなかった」と語った。そして、涙を浮かべ、「ヒデコ（前畑さん）や私が生きた時代は過ぎ去った」と遠くをながめるようにつぶやいた。その 5 カ月後に、ゲネンゲルさんも前畑さんを追うように亡くなった。

　五輪を二人で戦った、国家の意志は別としても個人同士の友情は、何か敵同士で戦った。お互いその勇気と勝敗にかかわらず健闘を讃えあう、敵味方お互いの奇妙な友情のような、いや奇妙でなく堂々とした尊敬と友情それは国家を超えた人間の絆だったのだろう。五輪の意義は実はそこにあると思うのだ。さらに前畑さんの生前に残した言葉をここにそのまま転載する。

「私の人生のささやかなモットーは、自分で決めたことは真正面からぶつかって行って、納得するまでやり通すことです。

　そうしなければ悔いが残るし、なにごとも成功しない。

私はそう思います。わが半生を振り返ってみると、やはりベルリン大会の金メダルが、私の人生のハイライトでした。ですから、苦しいとき、悲しいとき、かならず立ち戻るのは半世紀前のベルリン大会です。

　たとえば、主人を突然失い、女手ひとつで子どもを育てなければならなくなったとき、脳溢血で倒れ、苦しいリハビリの壁に直面したとき、私を支えたのはやはり金メダルでした。

「あの栄光をつかむために、秀子おまえはどんな苦しい練習にも耐えてきたじゃないか」こう言いきかせると、再び勇気がわいてきます。

　そして、どこからともなく「前畑ガンバレ！」の声が聞こえてきました。

「私には、苦しさや困難を克服するたびに喜んでくれる大勢の人がいる。みなさんに喜んでもらうことこそが私の喜びだ」

　私は水泳を通じてそう教えられました。私は多くの人たちの愛に支えられた「前畑秀子の人生」に心から感謝して、今後も精一杯生かさせて頂きたいと思います。　―　兵藤（前畑）秀子」

　前畑秀子さんとドイツ・マルタ・ゲネンゲルさんとの国境を超えた絆と思い出、さらに前畑さんの上記の言葉を見ると、やはり五輪の意義とは近代五輪の原点から何の変化もなく、政治的・宗教的・人種的一切のものから中立的であるべきで、しかも国家間のメダルや名誉の戦いではなく、それぞれ個人の個人主義的なフェアーなスポーツマンシップとしての戦いであり、五輪憲章にあるように：「より速く（Citius）、より高く（Altius）、より強く（Fortius）」五輪精神に基いて研鑽することを呼びかけたものである。

五輪記録映画　レニ・リフェンシュタール監督の天才芸術

　ナチス犯罪〜ナチスの五輪記録映画を作っただけで、長寿を全うしたレニは戦後から死ぬまで批判を浴び続けた。彼女の言葉だが、「一体どう考えたらいいのです？どこに私の罪が？『意志の勝利』を作ったのが残念です。あの時代に生きた事も。残念です。でもどうにもならない。決して反ユダヤ的だったことはないし、だから入党もしなかった。言って下さい、どこに私の罪が？私は原爆も落とさず、誰をも排斥しなかった…」
「ファシズム美学？全然分からない。見当もつきません。ヒトラー式敬礼、高く挙げた右手、あれ以外は」「私がユダヤ人の強制収容所の存在を知らなかったと言っても信じてくれないのです」「オーウェンスの美しさは際立っていました。私はアメリカの黒人をこの眼で見たのは初めてでしたが、すぐに魅了されてしまいました。私に人種的な偏見がないのは『ヌバ』でもわかるでしょう。私は人種差別ということを知らないのです」

　このシリーズになぜナチスの五輪であるベルリン大会1936年の記録映画というよりも芸術映画を作った天才映画監督のレニ、ナチスとの関係、ナチスの宣伝映画を作ったということで徹底的に死ぬまで叩かれ続けた彼女、俳優出身の美貌は建築家志望のヒトラーの芸術への愛着とも合致してそのプロパガンダに利用された。
　それがナチスのニュールンベルグ大会の記録プロパガンダ映画『意志の勝利』とベルリン五輪の『オリンピア』である。この映画は必見であり、もちろん僕は購入して家にある。この白黒の美しさはまさにナチスのオカルト性を神秘的にいやがうえにも盛り上げ麻酔を

かけ痺れるような感覚を見るものに与える。

「美」だけを見ていたナルシシスト（narcissist）と揶揄するのも結構だが、彼女の才能は映画を知るものなら、なんと非難されようとその映像芸術は技術面・耽美主義・芸術主義の観点から、現代にも影響をあたえる天才であることは絶対に否定できない。

　いつも悪虐非道のナチに協力したものは、それだけで許し難い、もう絶対的判断基準としてナチス＝全て悪との価値観があり、よって悪と手を結んだものは全部否定する、という構図がまさに表現の自由を否定しても欧米で完全に異論を排斥するのみだ。

　この映画は陸上競技や開会式を記録した『民族の祭典』と、競泳、飛び込み、体操をはじめとする陸上以外の競技をまとめた『美の祭

西田修平

典』の2部構成となっている。日本選手では、三段跳び金メダリストの田島直人、棒高跳び2位と3位の西田修平と大江季雄、陸上5000m、10000mともに4位の村社講平などが登場している。

残念ながらドイツにせりかった前畑秀子の水泳は取り上げられていない。しかしこの大会は多くの国がボイコット（ソ連・中国などなど）したのと、この年に日独防共条約が結ばれることもあり日独は友好的で、映画には日本人の活躍が多く描かれている。

ベルリン大会は「ヒトラーのオリンピック」といわれるように、ナチスのプロパガンダ及び国威発揚の場と位置づけられた。10万人が収容できる大規模なスタジアムを建設し、盛大に行われた大会である。

人種差別政策を採っていたナチスが、国際オリンピック委員会（IOC）の強い要求により、このときばかりはナチスの人種差別政策を抑制したので、アメリカの黒人選手ジェシー・オーエンスなど有色人種も活躍の場を得ることができた。

その様子は映画『オリンピア』に描かれている通りだ。映像技術面でも移動カメラ（カメラを移動させて対象を捉える）いろんな焦点距離をもつレンズの駆使、効果音の使用、スローモーションあり、撮り直しなどにより、競技を美的に描き、観る者を圧倒する。本当に美しいのだ。

再撮影というのは実際の競技は終了していた、しかし夜間に延長された撮影では明るさが足らず美しい画像がつくれない。そんなときは、別途撮影用に選手を集め、撮影に適した条件を作った上で競技を再現してもらい撮り直した。有名なのが西田修平と大江季雄との死闘の棒高跳びである。特にわざとらしさもなく、この美しい二人のアスリートの戦いをみて驚いて撮り直しとは思えなかった次第だ。さらに、この頃の日本人の容姿の男性美に惚れ惚れするのは僕

だけではあるまい。まさに今現代日本人の男性にはこんな顔は存在しない。当時の日本男性は世界の女性の尊敬を集めるほど迫力があったのだ！

　もちろん、彼女の美意識にて、ヒトラーを精悍な指導者としてクローズアップし、マスゲームの様式美・構成美を美しく描き、観衆がヒトラーに対して一斉にナチス式敬礼をするシーンをダイナミックに描いた。

　だからこそ、彼女は、芸術的で美しい記録映画であるという称賛はあるものの、ナチスのプロパガンダ映画であるという批判の両方にて戦後非難されたのだ。ニュールンベルグの党大会というプロパガンダ映画（これも美意識そのもの）も前科として彼女の評価に重く影を落としたのである。

　ついでにネットから拾った彼女の背景を次に紹介しよう。

　1902年8月22日にベルリンの裕福な家庭に生まれたレニ・リーフェンシュタールは、小さい頃からスポーツをはじめとするさまざまな習い事を体験する。12歳で水泳を開始し、その後体操クラブに入ったものの、器械から落下して脳震盪を起こしたことから父親に体操を禁じられ、スケートをはじめる。ピアノも習い、ダンス学校にも通い、さらにはテニスのレッスンも受けるようになった。

　だが、たまたま観た映画に感動したリーフェンシュタールは、映画監督のもとへ押しかけ、映画に出演させてもらう。女優として活動を開始する一方、映画づくりにも興味を持つようになり、撮影や編集の技術、さらには監督としての仕事も学んでいった。彼女の監督デビュー作は、自ら主演も務めた『青の光』という美しくも悲しい作品。この映画の成功でレニ・リーフェンシュタールの名は広く知られるようになり、ヒトラーと出会うことになる。

　ヒトラーからナチス党大会の撮影を依頼されたリーフェンシュ

タールは、1933 〜 35 年に『意志の勝利』などのプロパガンダ映画を撮る（現在、ドイツ国内で『意志の勝利』は一般上映禁止）。この映画で評価され、1935 年、翌年に行われるベルリンオリンピック公式記録映画の撮影を依頼された。

　制作にあたり、リーフェンシュタールはあえて「記録」「ドキュメンタリー」にこだわらなかった。第二次世界大戦後、リーフェンシュタールは一連の映画をヒトラーの指示により制作したことで激しく糾弾され、連合国側に逮捕される。裁判では「ナチスに同調しているものの、戦争犯罪への責任があるとはいえない」という判決で釈放。

　だが、誹謗中傷から科学的・理性的な批判まで、多くの攻撃を受

映画『意志の勝利』

けるものの、彼女は戦い続けた。裁判には勝訴することが多かった。1962年にはアフリカのスーダンでヌバ族に会い、10年間の取材を経て写真集『ヌバ』を上梓。70歳を過ぎてからスキューバダイビングを始め、水中写真を撮り写真集を出版した。100歳で結婚し、101歳で永眠した。

　なぜ僕がレニのことをこのシリーズで書いたのか、やや唐突に見えるかもしれないが、五輪から政治的ファクターを排除することが、ヒトラーのベルリン五輪や中国共産党の北京五輪の国威高揚のみが政治の目的であることが以下に五輪の原点から逸脱するかを経験している我々が、それを忘れて、再度世界的にはさまざまな宗教などあり、キリスト教的正義などは断じて普遍性を持たない。
　普遍性のある政治などそもそも存在しないのにもかかわらず、一部の選手が大袈裟なジェスチュアで何らかの政治目的（宗教性や人権問題も含め）に利用する姿は結局自己撞着に陥るにすぎないことを言いたいのだ！

おわりに

　東京五輪は8月8日に幕を閉じた。疫病の下、異例の無観客試合として行われたが、これについて非難する人もいるだろう。しかし時代はリスクに対処するために、種々方法が進化しており、実際テレビ中継により、各国は各国の選手を中心にそれぞれ、家の中で静かに家族と熱戦を見ることができた。

　もちろん、現場での臨場感を味合うことはできなかったかもしれない。また選手も、普通なら熱気に溢れる声援や応援を受けることができる現場、観客との一体感に欠くこともあっただろう。しかし結果論からすると、五輪延長と一年後の決行は五輪関係者そしては日本国民の安全を守る日本国首相が決めたことは、成功だったと言えるだろう。

　むろん僕自身も強行には疑問視をしていたが、日本国首相が決定したならば、それはそれで国際的約束行事なのだから国民は一致団結して国家の義務を果たすべき協力するのは当たり前の話である。

　さらに東京五輪に向けて、ひたすら練習と鍛錬を行ってきた選手たちの努力を、我が国の選手ということ以上に世界の選手の努力を存分に発揮させてほしいというのが、世界の気持ちであったと思う。本当に事故もなく、差無く行われたことは、五輪関係者に国民として、まず御礼を申し上げたい。

　僕は個人的に、東京五輪は1964年の時高校生で経験し、人生最後となる日本での東京五輪を楽しみにしていたし、東京に決定となった瞬間の喜びを国民と分かち合った1人だ。そんなことで、僕の人生において最後の

日本での五輪を自宅で、これほど充実した気持ちで観戦できたこと、毎日、熱戦を通じて、大きなことや些細なことに感動したことを書き綴っていた。人生の記念として本書の出版を決意したのは、五輪が終わって数日経った頃だ。そんなことで、毎日の感動が溢れんばかりの印象を読者に与えることができたとすれば、まさに至福の思いである。

　さて、僕はこの五輪のモットーというものがあって、それは英語で「United by Emotion」という表現を開始直前に見て、少々驚いた。というのは、「Emotion」というのは感動ではなくて、むしろ感情だからだ。人間社会で、よく＜感情を抑えることが大切だ。感情的になってはならない＞などと使われるように、＜感情＞とは、あまり良い言葉ではないと、僕の限られた言語知識でもそう理解しているので、感情で結ばれるって何のことだか分からなかった。

　東京の関係者のサイトによると：「United by Emotion」というモットーについて。
「東京 2020 大会が世界へ発信するモットーができました。このモットーは、東京 2020 大会の姿勢です。
これまで世界の人々に提供してきたオリンピック・パラリンピックの本質的な価値を継承しながらも、2020 年という時代性と、東京という都市性を紐解き、今だからこそ世界に対して発信することのできるメッセージです。
　この大会には、世界 200 を超える国と地域から選手が集まり、メディアも来る、観客も来る。会わなくとも済

む時代に、まだ会ったことのない人との出会いが生まれ
ます。国籍や民族、人種、性別、文化、宗教、障害の有
無など、多様な人々と時間と場所を共有します。そして、
スポーツを通して、大勢の人々が様々な感情や感動を体
験します。共感できると嬉しいし、異なる感情であって
も理解できるのだという貴重な体験。まさにスポーツの
力といえます。

　人は、感情や感動で繋がって初めて、壁の向こうを想
像し、互いを認め合うことができます。集まった人間が
エモーションで繋がること。
それが、「United by Emotion」というモットーに託した
ことでした」

とある。さらに五輪のモットーとして：
The International Olympic Committee adopted the official
motto of the Olympics to be "Citius, Altius, Fortius" which
translates to "Faster, Higher, Stronger" in 1894. Coubertin
said, "These three words represent a programme of moral
beauty."

"United by Emotion" – the motto of Tokyo Olympics

Since then, the Olympics have regularly changed their
motto to have a distinct motto of its own. The committee
organising the Tokyo Olympics of 202 0 has decided that
the official Games motto be "United by Emotion". "The
motto emphasizes the power of sport to bring together

people from diverse backgrounds of every kind and allow them to connect and celebrate in a way that reaches beyond their differences."

On 20 July 2021, the Session of the International Olympic Committee approved a change in the Olympic motto that recognises the unifying power of sport and the importance of solidarity.
The change adds the word "together" after an en dash to "Faster, Higher, Stronger". The new Olympic motto now reads: "Faster, Higher, Stronger – Together".

In his remarks before the unanimously vote, IOC President Bach explained the link between the change and the original motto: "Solidarity fuels our mission to make the world a better place through sport. We can only go faster, we can only aim higher, we can only become stronger by standing together — in solidarity."

The motto in Latin is "Citius, Altius, Fortius – Communiter" and in French: "Plus vite, Plus haut, Plus fort – Ensemble".

　英文を意訳すると、要するにクーベルタン氏が 1894 年近代五輪のモットーとして、ラテン語で "Citius, Altius, Fortius"（より速く、より高く、より強く）というモットーを作ったが、本年 7 月 20 日の IOC 理事会で、この中にラテン語で

Communiter（一緒に）を加えて "Citius, Altius, Fortius – Communiter" としたのである。先に東京五輪のモットーとしての "United by Emotion" を裏打ちするような理事会の決定であることを発見した！

　そこで、僕の解釈だが、Emotion というのを、人々が個人として感じる、それは色々なバックグラウンドがある世界の人々、そのそれぞれの感情としての気持ち、それはポジティブなものを意味して、そんな感情の繋がりとは素晴らしいものではないかと解釈すれば良いのではないかと思料するのだ。

　五輪がかって国家主義的国威の高揚に利用された政治的なものでなく、世界の人間が、国境があったとしても、難民キャンプであっても、人間として、それを超越した、喜び・悲しみを分かち合う理想の世界、それには相手の立場を理解するという寛容という言葉が、必要だというのが適切かもしれない。

　そんな意味で、本書にも書いたが、柔道の井上康生監督が、五輪時代に金メダルの表彰で＜母親の遺影を掲げた。＞個人的な感情、さらには自分の苦い経験から、まずは弟子と言える選手たちの喜びや悲しみをシェアーして号泣する、男の優しさなども、ある意味で Emotion と言えるから、まさに五輪は色々な小さな単位の中、群の中でもこの United by Emotion が適応されるとして解釈すればどうだろうか！

　結論として言えるのは、僕は＜五輪の意義の変遷＞という章を大上段に使ったが、いろんな歴史の局面があったにしろ、五輪精神（オリンピズム）というのは、憲章

の精神は全くクーベルタンの時代と変化はなく、むしろ政治・宗教・民族その他から中立であるべきであって、国家主義的色彩は一切無用であること、僕があの中学生の子供たちが、スケボで金メダルを争う中で、彼らこそ＜他者を大切にする精神があり、そしてお互いに秘密主義はなくお互いに技術を分かち合い高め合い、教え合う世界、それは他者の失敗を優しさで慰め合うメルヘンの世界、まさにあのティーン・エイジャーが真心からそんな世界をそんな五輪精神を自ずと実践していることに、まさに五輪は今後とも永遠に人類が存在する限り、幼児のような恐れを知らない勇気と優しさの理想の世界を人類は常に夢見ることができるように、五輪が永遠に存在するということを信じるのだ！

　僕は理想主義でもない、むしろ現実主義者で合理主義者であるが、そんな風に自宅「引きこもり」で貴重な2週間を過ごすことができて、世界のアスリート、世界の五輪関係者に感謝してやまないのである。

平河サロン勉強会の主宰者である著者がその11周年＠アメリカン・クラブ（2013/3/11）に山口香氏に記念講演をお願いした。

推薦文　山口香（柔道家・筑波大学教授・前JOC理事）

　奥山篤信さんとは、同氏主宰の勉強会「平河サロン」の講師を依頼され、それを引き受けたのが13年前のことだった。その時も面識もないのに勤務先に手紙が届き、熱烈なラブコールだった。その勢いに押されて講師を引き受けて以来、時々サロンの常連の会や、グルメの会などに参加し、様々な社会問題に対して、自由闊達に意見交換している。

　奥山さんはその経歴が面白いこともあるが、歳を重ねても好奇心が旺盛で世の中の何にでも興味を持ち、実行に移す行動力が凄い。突然カトリック神学を勉強するた

めに上智大学大学院に入学し、神学修士号を取得後に、パリ・カトリック大学に留学すると聞いた時には流石にびっくりした。ありきたりの表現かもしれないが、いくつになっても常識に染まらない自由人であり、書きたい放題、言いたい放題、人生を楽しんでいる。

　若い頃からの趣味だという映画鑑賞は、年に150-200本以上でよもや趣味とは言えない領域に達し、雑誌に連載する映画評論家としても活躍している。奥山さんの人を瞬時に見抜く感性はこのあたりからきているように思う。映画も政治も評論するときには、難しい理屈ではなく人間観察が根底にある。そこに奥山さん自身の人間性が重なって、多くの人を魅了する分析になっている。

　今回、奥山さんから「オリンピック」についての本を書くと聞いたときには驚いた。正直、スポーツマンとはほど遠く、水泳はされていると聞いたが、どの切り口からスポーツを語るのか。一方で、奥山さんの「オリンピック」評論を読んでみたいとも思った。期待した通り、随所に奥山節とも言えるユニークで興味深い解釈を垣間見れた。

　ロンドン五輪（2012）では、日本男子柔道は史上初めて金メダルゼロという結果に甘んじた。その後を託されたのが井上康生だった。当時、柔道の好きな奥山さんから、「日本の柔道は大丈夫か。井上康生は大丈夫か」という質問をされたのを覚えている。私は「井上康生なら間違いない。みていてほしい」と答えた。その時のやり取りを奥山さんも覚えていて、井上監督率いる日本柔道の大活躍を喜んでくれた。日本柔道は「勝って当たり前」という期待がいつもあるが、200を超える国と地域に広

がった柔道でメダルを取り続けることは容易ではない。そんな状況でも日本柔道の強さを示し、世界が目指すべき柔道を示してくれたことは素晴らしいの一言であり、賞賛したい。

コロナ禍で行われた東京オリンピック。過去、このようにオリンピックの価値や意義が議論された大会はなかったように思う。開催まで、賛否両論あったが、アスリートの活躍は文句なしで素晴らしかった。この本は、奥山氏が自身の目で見て、感じたことを評論している。「そうか」と頷く部分もあれば、「そうかな」と首をかしげる部分もあるがそれでいい。個々に何かを感じ、考えてこそ意味がある。

違うフィルターを通すと五輪・パラも違った見え方がする。

奥山氏は、物事を批判的に観察し、皮肉を交えた論評が魅力だが、オリンピックの前では、こんなにも簡単に屈してしまうのかというのが私の感想である。ここには、奥山氏の内に眠る熱き思い、エネルギー、そして愛が溢れている。読み終わった後には、あなた自身が忘れていた「愛」を見つけることができるかもしれない。

山口香（やまぐち・かおり）

日本の柔道家、体育学者。１９６４年、東京都生まれ。筑波大学大学院にて体育学修士。筑波大学人間総合科学学術院 人間総合科学研究群 スポーツウエルネス学・教授。 全日本柔道連盟女子強化委員、日本オリンピック委員会理事、コナミ取締役、日本学術会議会員、筑波大学柔道部女子監督を歴任。得意技は小内刈。段位は六段。現役時代には欧州と米国が強く日本人の勝利が少なかった時期に第3回世界選手権で日本人女性柔道家として史上初の金メダルを獲得している。1988年のソウルオリンピックで銅メダル獲得など「女三四郎」と称賛された。

奥山篤信（おくやま・あつのぶ）

映画評論家、文明評論家。1948年、神戸市出身。1970年、京都大学工学部建築学科卒業。1972年、東京大学経済学部卒業。1972～2000年まで米国三菱商事ニューヨーク本店を含め三菱商事に勤務。2014年、上智大学大学院神学研究科修了（神学修士）。2014年よりパリ・カトリック大学（ISTA）に留学。『超・映画評～愛と暴力の行方』（2008年、扶桑社）、『僕が選んだ世界の女優５０選』（2020年、春吉書房）など著書多数。毎月『月刊日本』に映画評を連載、その他『WiLL』に寄稿している。

エモーショナルな東京五輪観戦記

2021年12月12日 初版第1刷発行
著　　　者　　奥山 篤信
発 行 者　　間 一根
発 行 所　　株式会社 春吉書房
　　　　　　〒810-0003
　　　　　　福岡市中央区春吉 1-7-11
　　　　　　スペースキューブビル 6F
　　　　　　TEL：092-712-7729
　　　　　　FAX：092-986-1838
装丁・組版　　佐伯 正繁
印刷・製本　　モリモト印刷株式会社